Komm mit nach London

Moira Butterfield

Hi … wir sind Amelia und Marco und wir schlagen dir 19 geniale Touren vor.

Die Sticker auf dem Stadtplan markieren die Ausgangspunkte. Wir garantieren dir, dass du auf jeder Tour ein paar spannende Geheimnisse der Stadt kennenlernen wirst. Die vielen coolen Fakten werden dich einfach umhauen. Egal, ob du ein Schleckermaul, ein Sportfanatiker oder ein Filmexperte bist!

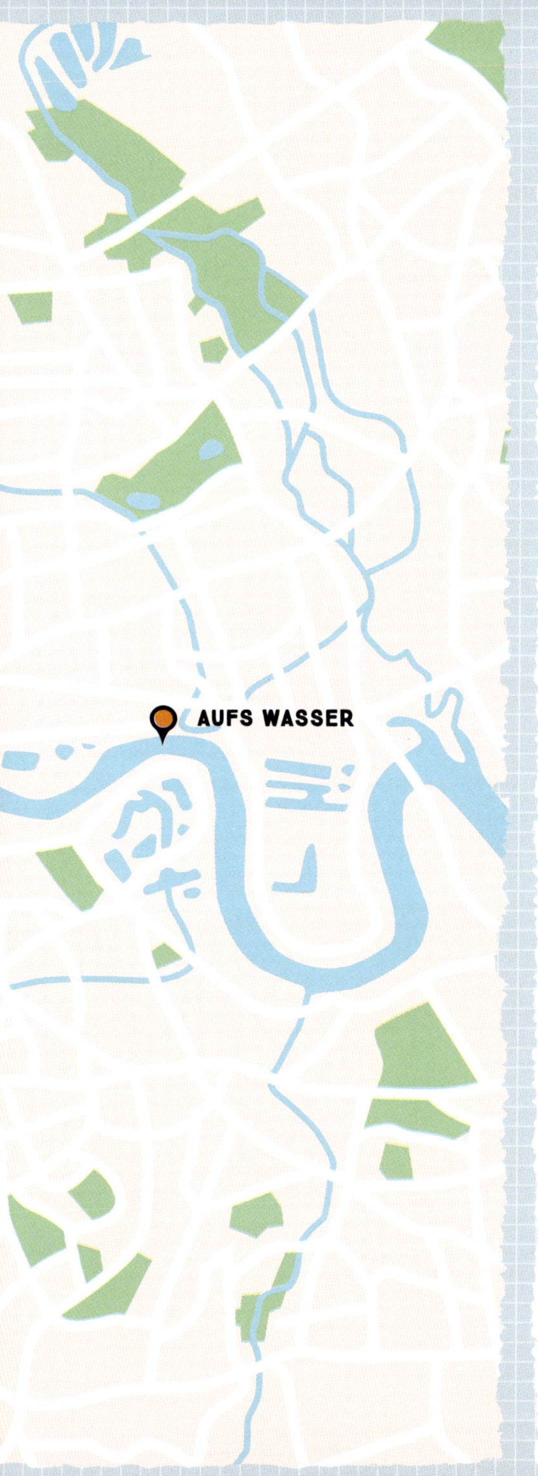

INHALT

SEITENZAHL

TOLLE ADRESSEN 6-9
LONDON VON OBEN 10-15
TUNNEL UNTER LONDON 16-19
SCHATZSUCHE 20-25
LECKERES LONDON 26-29
WILDNIS 30-35
AUF DEN SPUREN DER MAGIE 36-39
AUF RÄDERN 40-45
LAUTES LONDON 46-49
GRUSELTOUR 50-55
NEUGIER ERWÜNSCHT 56-59
TIERISCHES 60-65
ENTHÜLLUNGEN 66-69
DIE SHOW BEGINNT 70-75
LONDONER MODE 76-79
EINE KÖNIGLICHE TOUR 80-85
AUFS WASSER! 86-89
SPORTLICHES 90-95
SEHR ERFREUT 96-99
REGISTER 100-102

TOLLE ADRESSEN

Wer in London einen Taxischein machen will, muss die Namen von über 60 000 innerstädtischen Straßen lernen. Kein Wunder, dass man dafür mehrere Jahre braucht. Dir wird es aber bestimmt reichen, nur die interessantesten zu erkunden.

ST. MARTIN-IN-THE-FIELDS CHURCH PATH WC2
CITY OF WESTMINSTER

DEN LÄNGSTEN STRASSENNAMEN IN LONDON FINDEST DU IM BEZIRK WESTMINSTER.

ABBEY ROAD

TÜR ZUR MACHT

10 DOWNING STREET

10 DOWNING STREET

Die britischen Premierministerinnen und -minister (PM) residieren in der Downing Street Nummer 10. Seit fast 300 Jahren haben PMs hier gewohnt und das Land regiert (natürlich nicht alle gleichzeitig!). PMs bekommen nie den Schlüssel für ihr Zuhause, sie werden von bewaffneten Wachen rein- und rausgelassen.

DIE NUMMER 10 IST EINS DER AM STRENGSTEN BEWACHTEN GEBÄUDE GROSSBRITANNIENS. ES WIRD SOGAR DURCH MÄUSE GESCHÜTZT, UND ES GIBT AUCH EINE HAUSKATZE MIT DER OFFIZIELLEN BEZEICHNUNG MÄUSEFÄNGERCHEFIN.

SCHNAPPSCHUSS BITTE

ABBEY-ROAD-ZEBRASTREIFEN

Fotoapparat klar? Tagtäglich laufen Besucher aus der ganzen Welt über den Zebrastreifen der Abbey Road und wollen dabei unbedingt fotografiert werden – wegen einer weltberühmten Superband. Die *Beatles* machten hier das Foto für die Hülle des Albums *Abbey Road* (1969). Die

EIN STÜCK VERGANGENHEIT

LITTLE COMPTON STREET

Da London mehrere tausend Jahre alt ist, gibt's unter den Straßen der Stadt viel Vergangenheit. Wer weiß schon, was für uralte Geheimnisse tief unter den Füßen des modernen Londoners lauern? Ein kleines Stück davon versteckt sich unter einem Kanalgitter im Stadtteil Soho. Dort befindet sich die Little Compton Street, eine alte Gasse, über die die Londoner einst spazierten. 1896 wurde sie überbaut, aber das alte Straßenschild blieb erhalten.

LITTLE COMPTON STREET

CARTING LANE

Scheibe wurde millionenfach verkauft, und Beatlesfans kommen hierher, um das Foto auf der Plattenhülle nachzustellen. Ruf doch einfach mal die Webcam *Abbey Road Crossing Cam* auf und sieh dir in Echtzeit an, wie die Leute den Verkehr auf der Abbey Road anhalten. Dann schau dir das Plattencover genau an, und du wirst den amerikanischen Touristen Paul Cole darauf entdecken. Er stand auf der Straße und schaute zu, als das Foto gemacht wurde. Er ist im Hintergrund zu sehen und wurde so durch einen Zufall berühmt.

STINKENDE LATERNEN

CARTING LANE

Hier lang geht's zum Mief. Die Carting Lane trägt den Spitznamen Farting Lane (Pupsgasse), weil die Straßenlaternen bis in die 1950er-Jahre teils mit Abgasen aus Londoner Klärwerken betrieben wurden. Die Einheimischen scherzten, dass die Gäste des nahen superschicken Savoy Hotels die Lampen mit ihren Blähungen zum Flackern bringen würden. Heute existiert noch eine der Laternen und die wird mit Bio-Gast betrieben, aber der Spitzname haftet an der Straße wie schlechter Mief.

DÜNN MACHEN

EMERALD COURT

Emerald Court ist Londons schmalste Straße. Es ist eine klitzekleine, von Mauern begrenzte Gasse. Die meisten Leute müssen sich seitwärts durch sie schieben, denn sie ist nur 66 cm breit. Willst du auch noch wissen, wie Londons kürzester Straßenname lautet? Kein Wunder, dass man ihn kaum findet – er lautet nämlich Hide (versteck dich).

EMERALD COURT

DER TEUFEL WAR'S

BLEEDING HEART YARD

Bleeding Heart Yard ist der Ort, an dem eine der schaurigsten Legenden Londons spielt. Hier soll Lady Elizabeth Hatton mit dem Teufel einen Pakt geschlossen haben, um an Reichtum, Macht und eine Villa zu kommen. Auf der Party zu deren Einweihung im Jahr 1626 machte sie aber einen verhängnisvollen Fehler. Sie tanzte mit dem Teufel persönlich, der sie dabei verschwinden ließ. Am nächsten Tag fand man nur noch ein blutendes Herz auf der Straße. Autsch!

BLEEDING HEART YARD

Geschichtsforscher sagen, dass die Hatton-Story nicht wirklich wahr ist. Aber niemand glaubt diesen Spielverderbern, und die entsetzliche Geschichte wird immer und immer wieder erzählt. Versuch's doch selbst mal, am besten in einer dunklen, gruseligen Nacht ...

BUNTE WÄNDE

REDCHURCH STREET

Shoreditch ist ein Londoner Stadtteil, in dem Straßenkunst besonders beliebt ist. Die Redchurch Street steht ganz oben auf der Liste der fantastischen Wände. Hier wirst du verblüfft sein über die bunten Monster, Cyber-Kobolde und leuchtenden Buchstaben, die an den Mauern glitzern.

Suche: KAUGUMMI

6 TONNEN

Kaugummi landen in Londons West End jährlich auf der Straße.

10 MILLIONEN

britische Pfund werden jedes Jahr benötigt, um die Kaugummis von den Gehwegen zu entfernen. Pro Kaugummi rechnet man – je nach Klebrigkeit – zwischen 80 Cent und 3 Euro.

BANKSY, EINER DER BERÜHMTESTEN STRASSENKÜNSTLER DER WELT, VEREWIGT SICH GERN IN DIESEM TEIL LONDONS, MEISTENS NACHTS. ER ACHTET PEINLICH GENAU DARAUF, DASS IHN NIEMAND SIEHT, WENN ER SEINE MEISTERWERKE SCHAFFT, UND NIEMAND WEISS, WIE ER AUSSIEHT!

LONDON VON OBEN

Du kennst doch bestimmt raketenbetriebene Rucksäcke. Das sind so Dinger, mit denen man sich auf Hausdächer katapultiert. Damit kannst du dich auf die Jagd machen nach wundersamen Sehenswürdigkeiten weit oben über den Köpfen der anderen. Bist du startklar? Ok, los geht's!

LONDON EYE

KENSINGTON

GRÜNE DÄCHER

THE ROOF GARDENS, KENSINGTON

Hoch oben auf den Londoner Dächern gibt es Dutzende von geheimen Grünflächen. Einige gehören zu Büros und Wohnungen, andere wiederum sind für jedermann zugänglich. Eine solche Oase waren auch die die Roof Gardens in Kensington, Hier gab es Springbrunnen, Bogen, einen Bach voller Fische, viele Bäumen und sogar Flamingos, die sich in den Teichen putzten – und das alles hoch oben auf dem Dach eines Kaufhauses! Vor einigen Jahren wurden die Roof Gardens geschlossen und es gibt immer wieder Gerüchte, dass sie irgendwann wieder öffnen.

30 M HOCH

135 M HOCH
120 M BREIT

TOLLER RUNDUMBLICK

LONDON EYE

Das London Eye ist das weltweit größte Riesenrad. Es hat rotierende, freischwebende Gondeln („freischwebend" bedeutet, dass sie nur an einem Punkt gehalten werden) und bietet eine grandiose Aussicht. Bei klarem Wetter kannst du bis zu 40 km weit gucken (das ist bis zum Windsor Castle!). Bis zu 800 Personen passen hinein, normalerweise quetschen sich jedes Jahr über 3,5 Mio. in die Gondeln. So viele Menschen besuchen nicht mal die Pyramiden in Ägypten.

CLEOPATRA'S NEEDLE

21 M HOCH

KLEOS SÄULE. ODER?

CLEOPATRA'S NEEDLE

Am Victoria Embankment kannst du ein kleines Stück Ägypten bewundern – Cleopatra's Needle. Die „Nadel", ein sogenannter Obelisk, ist etwa 3 460 Jahre alt und stammt aus der antiken Stadt Heliopolis. Die überall eingeritzten Hieroglyphen erinnern an die Siege der alten Ägypter und haben eigentlich gar nichts mit Kleopatra zu tun. Zu Beginn des 19. Jahrhunderts hat ein ägyptischer Herrscher die Säule den Briten geschenkt. Sie wurde mit dem Schiff nach Großbritannien transportiert, doch auf der Überfahrt kamen sechs Crewmitglieder in einem Sturm ums Leben und die Nadel ging beinahe verloren. Das hat ihr den Ruf eingebracht, verhext zu sein.

DIE LONDONER VERGRUBEN UNTER DER NADEL EINE ZEITKAPSEL, IN DER SICH UNTER ANDEREM SPIELZEUG, EINE NUCKELFLASCHE, EIN EISENBAHNFAHRPLAN UND BILDER WUNDERSCHÖNER ENGLISCHER FRAUEN BEFINDEN SOLLEN.

KING'S CROSS

29 M HOCH

SIND DIE ALIENS DA?

KING'S CROSS STATION

Einige Londoner Gebäude haben Dächer mit Wow-Faktor. Ein gutes Beispiel dafür ist King's Cross Station. Obendrüber dehnt sich ein gewaltiges, weißes, fächerförmiges Dach, und vor den alten Mauern aus rotem Ziegelstein sind moderne Metallrippen. Das sieht fast so aus, als ob hier ein Raumschiff gelandet wäre. Alljährlich besuchen 10 Mio. Menschen den Bahnhof und bewundern die irre Hightech-Decke.

ST. BRIDE'S CHURCH

OXO TOWER

THE MONUMENT

CLEVER BUCHSTABIERT

OXO TOWER

Als die Firma OXO-Brühwürfel diesen in den Himmel ragenden Turm an Londons South Bank kaufte, sollte der Name hoch oben leuchten. Da das Anbringen einer grellen Reklame aber verboten war, wurde ein schlauer Plan umgesetzt. Die Fenster des Turms erhielten Formen, die einem O, einem X und noch einem O entsprachen. Seither ist es der OXO Tower, obwohl die ursprüngliche Schlauberger-Firma ihren Sitz hier gar nicht mehr hat. Vielmehr sind heute unzählige Geschäfte und Restaurants in dem Tower angesiedelt.

IN FLAMMEN

THE MONUMENT

Der Große Brand von London begann 1666 in einer Bäckerei in der Pudding Lane, breitete sich schnell über die ganze Stadt aus und zerstörte Tausende Häuser. The Monument – die höchste freistehende Steinsäule der Welt – gedenkt dieser Feuersbrunst. Ihre Höhe entspricht genau dem Abstand der Säule zu dem Ort, an dem das Feuer ausbrach. Die vergoldete Urne, die die Säule krönt, soll die Flammen symbolisieren. Wenn du die 311 Stufen nach oben geschafft hast, bekommst du eine Urkunde.

HOCHZEITS-WUNDERWERK

ST. BRIDE'S CHURCH

Seit Ewigkeiten standen hier Gotteshäuser. Die Kirche, die du jetzt bewundern kannst, wurde nach dem Großen Brand von London 1666 errichtet. Damals machte sich der Architekt Sir Christopher Wren an den längst fälligen kompletten Neubau, der majestätisch geriet. Der Turm hat fünf weiße, nach oben kleiner werdende Etagen und soll für Hochzeitstorten Modell gestanden haben.

TOP-TÜRME

CHEESEGRATER, GHERKIN UND WALKIE-TALKIE

Londoner geben den Hochhäusern in ihrer Stadt gern Spitznamen. Londons dritthöchstes Gebäude, das Leadenhall Building, hat eine Raspelfassade und wird deshalb Cheesegrater (Käsereibe) genannt. Die Gherkin (30 St. Mary Axe), ein Gebäude in Gurkenform, hat so viele Glasscheiben, dass man damit drei Fußballplätze bedecken könnte. Das Walkie-Talkie-Haus (20 Fenchurch Street) stellte die Architekten vor ein unerwartetes Problem: Die von der Spiegeloberfläche reflektierten Sonnenstrahlen waren so heiß, dass sie Löcher in die Autos unten auf der Straße brannten. Man musste die Fenster mit einer nichtreflektierende Schicht überziehen, um den zerstörerischen Strahlen Einhalt zu gebieten!

LONDONS HÖCHSTER GARTEN, DER SKY GARDEN, BEFINDET SICH AUF DEM WALKIE-TALKIE BUILDING UNTER EINER RIESIGEN GLASKUPPEL.

HÖHER GEHT'S NICHT

THE SHARD

The Shard (deutsch: die Scherbe oder der Splitter) war bis 2012 der höchste Wolkenkratzer Europas und bietet von seiner 244 m hohen Aussichtsplattform einen gigantischen Blick auf London. Der Architekt wollte, dass das Gebäude wie ein Eisberg aussieht, der aus dem nahegelegenen Fluss in den Himmel ragt.

THE SHARD

309,6 M HOCH

THE SHARD BEBT

Die Kranführer, die am Bau vom Shard-Wolkenkratzer beteiligt waren, arbeiteten in einer Höhe von etwa 310 m. Sie konnten spüren wie das Gebäude zitterte, wenn Flugzeuge darüber flogen.

309,6 M HOCH

72 ETAGEN

306 TREPPEN

600 MIO. €

Die Baukosten für diesen verdammt hohen Wolkenkratzer betrugen rund 600 Mio. €. In Spitzenzeiten wurden alle drei Minuten 5400 m³ Beton gegossen.

VERRÜCKTE KLETTEREI

Das Gebäude reizt zu merkwürdigen Abenteuern. Für Kletterer, Abseiler und sogar Fallschirmspringer ist The Shard die ultimative urbane Herausforderung.

FURCHTLOSER FUCHS

Als The Shard gebaut wurde, gelang es einem wilden Fuchs, in das Gebäude einzudringen und hinauf ins 72. Stockwerk zu klettern, wo er es sich dann für ein paar Wochen gemütlich machte. Er ernährte sich von den Essensresten, die die Bauarbeiter vergessen hatten. Als er entdeckt wurde, taufte man ihn auf den Namen Romeo. Er wurde in Sicherheit gebracht, von Tierärzten untersucht und durfte dann wieder durch die Straßen Londons streunen.

DER MUTIGSTE JOB IN DER GANZEN STADT!

DIE FENSTERPUTZER DES SHARD SEILEN SICH AM GEBÄUDE AB UND BRINGEN DABEI DIE 11 000 GLASSCHEIBEN (DAS ENTSPRICHT ACHT FUSSBALLPLÄTZEN) AUF HOCHGLANZ. ES DAUERT EINE GANZE WOCHE, UM NUR EINE SEITE DES GEBÄUDES ZU PUTZEN. DIE MÄNNER STEHEN AUF PLATTFORMEN, DIE FENSTERPUTZKÖRBE GENANNT WERDEN. 2012 MUSSTE EINER DER FENSTERPUTZER GERETTET WERDEN. BEI STARKEM WIND HATTE SEIN KORB ANGEFANGEN, UNKONTROLLIERBAR ZU SCHAUKELN.

Suche: SKYLINE DER ZUKUNFT

EINE ZEITUNG?

Viele neue Wolkenkratzer sind für die Londoner Skyline geplant. Einige haben derart ungewöhnliche Formen, dass sie nach ihrer Fertigstellung bestimmt interessante Spitznamen bekommen. Es sind und waren schon Gebäude in Planung, die ausschauen sollen wie ein riesiges Segel oder eine gigantische eingerollte Zeitung.

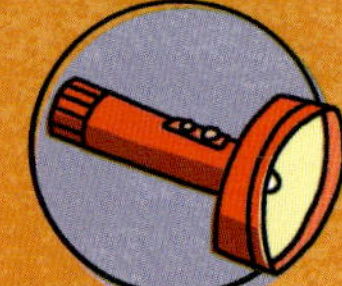

TUNNEL UNTER LONDON

In Londons Untergrund kannst du eine ganze Welt von Tunneln, unterirdischen Flüssen und geheimnisvollen Räumen entdecken. Taschenlampe an, runterkriechen und los geht's!

ZUTIEFST LECKER

30 M UNTER DER ERDE

LUFTSCHUTZRÄUME IN CLAPHAM NORTH

Tief unter Clapham verstecken sich mehrere alte Luftschutzräume aus dem Zweiten Weltkrieg, die heutzutage auf eine interessante neue Art und Weise genutzt werden. Dort unten werden Dokumente und Filme gelagert, ein Bereich wird sogar als unterirdischer Gemüseacker genutzt. Mithilfe von LED-Lampen und Grundwasser wachsen in Regalen ganzjährig Minigemüse, Kräuter und Salate, die dann in Londoner Restaurants auf den Tisch kommen.

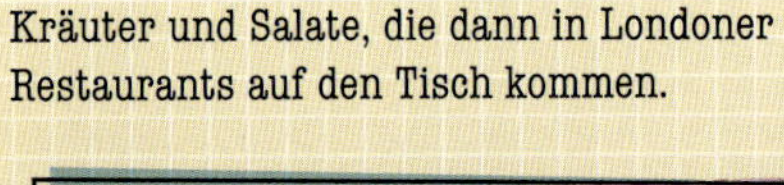

LONDONER LABYRINTHE

CAMDEN & CLERKENWELL CATACOMBS

Unter den viel befahrenen Straßen von Camden Town befindet sich ein Labyrinth von verlassenen Katakomben (Tunneln), die vor 200 Jahren als Pferdeställe und unterirdische Lagerräume genutzt wurden. Da die Gefahr besteht, dass die Tunnel überflutet werden (und auch weil es da unten wahrscheinlich spukt), sind sie für Besucher nicht zugänglich. Die Clerkenwell Catacombs weiter im Osten haben eine gruslige Vergangenheit. Dort befand sich ab 1617 The House of Detention, ein Gefängnis.

ES ÜBERRASCHT WOHL NIEMANDEN, DASS ES IN DEN KELLERN DES CLERKENWELL-GEFÄNGNISSES SPUKEN SOLL. BESUCHER HABEN BERICHTET, DASS IHNEN SCHEMENHAFTE FIGUREN SCHLUCHZEND NACHSTELLTEN. OH JE! BLOSS SCHNELL WEITER!

START

CAMDEN TOWN

THE LONDON UNDERGROUND TUBE SYSTEM

464 KM

Die Londoner U-Bahn hat ein Streckennetz von ca. 464 km.

Etwa 45 % davon führen durch Tunnel.

58 M

Mit 58 m ist Hampstead (links) der tiefste Bahnhof.

1,03 MRD.

Jedes Jahr fahren etwa 1,03 Mrd. Menschen mit der Tube.

UNTERIRDISCHE GEISTER

ALDWYCH UNDERGROUND STATION

Mehr als 40 U-Bahnhöfe sind „Geisterbahnhöfe“. Das heißt aber nicht, dass sie bei Geistern besonders beliebt wären. Es bedeutet vielmehr, dass sie nicht mehr benutzt werden. Aldwych ist einer dieser Geisterbahnhöfe, er dient als Museum und wird von Film- und Fernsehgesellschaften oft als Kulisse benutzt.

EIN STRENG GEHEIMER ORT

CABINET WAR ROOMS

Als Regierungschef führte Winston Churchill Großbritannien von einem mitten in London gelegenen, streng geheimen unterirdischen Versteck durch den Zweiten Weltkrieg. In dieser Kommandozentrale arbeiteten damals Militärangehörige, sie grübelten über Landkarten und besprachen wichtige Angelegenheiten, während es oben aus deutschen Flugzeugen Bomben regnete. 1945 wurde die Zentrale geschlossen und erst 1975 wieder geöffnet – da erfuhr die Welt erstmals davon. Die Räume sind noch im Originalzustand, es wurde nichts verändert – überall liegen Karten aus dem Krieg herum und lebensgroße menschliche Puppen erledigen ihre Jobs.

KING CHARLES STREET

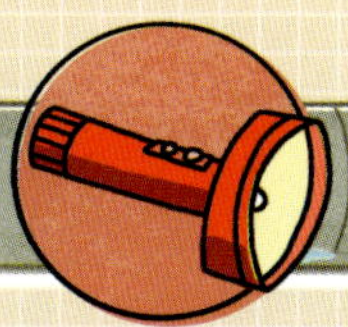

ALDWYCH STATION

Überall Modder. Ertrunkene kleine Hunde, stinkende Fische, tote Katzen und Rübenreste treiben bei Hochwasser den Fluss hinunter.

So beschrieb der Schriftsteller Jonathan Swift 1710 den einer eitrigen Wunde ähnelnden River Fleet nach einem Regenguss.

GEHEIME FLÜSSE

THE RIVER FLEET

In London gibt es viele unterirdische Nebenflüsse der Themse. Einer nach dem anderen wurde überbaut, sodass die meisten heute vollständig unter der Erde fließen. Der größte ist der River Fleet, er mündet unter der Blackfriars Bridge in die Themse. Vor einigen Jahrhunderten war er entsetzlich verschmutzt.

BÜCHER IM KELLER

THE BRITISH LIBRARY

Da in der British Library in London rund 150 Mio. Bücher aufbewahrt werden, ist es nicht verwunderlich, dass man dafür viel Platz benötigt. Unter dem Bibliotheksgebäude gibt es vier große, mit Regalen vollgestellte Ebenen. Sie sind klimatisiert, damit das Papier nicht zu Schaden kommt. Einige der wertvollsten Bücher werden in speziellen Kammern gelagert, die mit einem gasförmigen Löschmittel gefüllt sind, um den Ausbruch eines Feuers zu verhindern.

EIN GIGANTISCHES, ELEKTRONISCH GESTEUERTES FÖRDERBAND SCHLÄNGELT SICH DURCH DIE BRITISH LIBRARY UND BRINGT BÜCHER VON UNTEN NACH OBEN.

BLACKFRIARS BRIDGE

BRITISH LIBRARY

GERÜCHE UND GESTANK

LONDON SEWERS

Londons Abwasser wurde früher in die Themse geleitet. Überall stank es, in der ganzen Stadt brachen tödliche Krankheiten aus. Bis Joseph Bazalgette die Bühne betrat und den Bau von 132 Kilometern aus Ziegelstein gemauerter unterirdischer Kanäle veranlasste und die Abwässer so mithilfe von Pumpstationen ableitete. Seine Kanäle leisten auch heute noch unter London ihren Dienst. Abwasserreiniger bemühen sich, die Tunnel sauber zu halten und entfernen viele „Fettberge“ – riesige Klumpen Speisefett, die die Tunnel immer wieder verstopfen. Einer der „Fettberge“ unter dem Leicester Square war so groß, dass man mit ihm neun Doppeldeckerbusse hätte füllen können!

SCHÄDEL IM FLUSS!

THE WALBROOK

Der Walbrook ist ein kleiner Fluss, der unter der City of London dicht an der Bank of England vorbeifließt. Zu Zeiten der Römer floss er noch über der Erde. Bei Bauarbeiten wurden viele alte menschliche Schädel im Flussbett gefunden. Es kann sein, dass einige dieser Schädel von Anwohnern hineingeworfen wurden, um die Flussgötter zu besänftigen, vielleicht wurden sie aber auch von Friedhöfen in den Fluss geschwemmt. Einige der Schädel weisen starke Verletzungen auf, sie könnten sogar von römischen Gladiatoren stammen.

THE WALBROOK

LEICESTER SQUARE

SCHATZSUCHE

Einst, so heißt es, kam ein junger Mann namens Dick Whittington in dem Glauben nach London, dass die Straßen mit Gold gepflastert seien. Sie sind zwar nicht aus Gold, aber es stimmt schon: In London gibt es verdammt viel Geld! Folgst du dem goldenen Weg, kommst du an den glitzerndsten und wertvollsten Schätzen vorbei.

DICK WHITTINGTON SOLL SCHLIESSLICH EINER DER SUPER-REICHEN LONDONER GEWORDEN SEIN. ER WURDE SOGAR OBERBÜRGERMEISTER!

VICTORIA AND ALBERT MUSEUM

ROYAL MEWS BUCKINGHAM PALACE

EDLE TIERCHEN

GLOUCESTER CANDLESTICK

Im Victoria and Albert Museum kannst du Tausende tolle Schätze aus längst vergangenen Zeiten bewundern, z. B. den Gloucester Candlestick, der vor rund 1 000 Jahren für eine Kirche hergestellt wurde. Drachen, Affen und andere eifrige Tierchen klettern an dem Kerzenständer hoch, beißen sich gegenseitig, flüstern sich etwas zu und begrapschen die Blumen und Pflanzen.

GLÄNZENDE FAHRT

GOLD STATE CARRIAGE

Zu besonderen Anlässen werden britische Monarchen in der Gold State Carriage durch London kutschiert. Die vergoldete Staatskarosse ist aus Holz und so schwer, dass sie von acht Pferden gezogen werden muss. Eine Fahrt in der rund 200 Jahre alten Kutsche ist derart holprig, dass man sich wie auf einem Schiff in rauer See fühlt. Queen Victoria war es zu wacklig darin, sie weigerte sich einzusteigen.

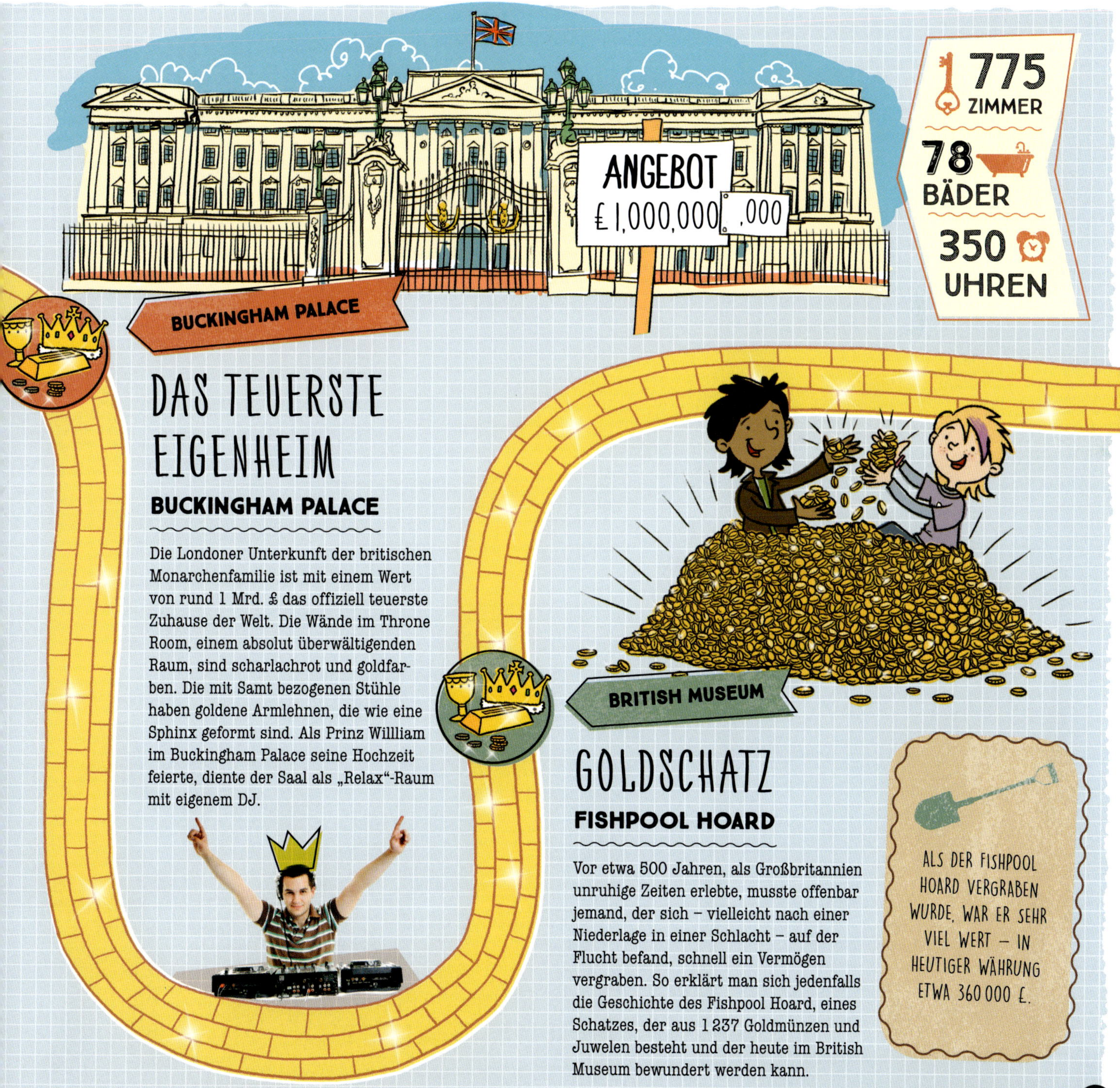

DAS TEUERSTE EIGENHEIM

BUCKINGHAM PALACE

Die Londoner Unterkunft der britischen Monarchenfamilie ist mit einem Wert von rund 1 Mrd. £ das offiziell teuerste Zuhause der Welt. Die Wände im Throne Room, einem absolut überwältigenden Raum, sind scharlachrot und goldfarben. Die mit Samt bezogenen Stühle haben goldene Armlehnen, die wie eine Sphinx geformt sind. Als Prinz William im Buckingham Palace seine Hochzeit feierte, diente der Saal als „Relax"-Raum mit eigenem DJ.

GOLDSCHATZ

FISHPOOL HOARD

Vor etwa 500 Jahren, als Großbritannien unruhige Zeiten erlebte, musste offenbar jemand, der sich – vielleicht nach einer Niederlage in einer Schlacht – auf der Flucht befand, schnell ein Vermögen vergraben. So erklärt man sich jedenfalls die Geschichte des Fishpool Hoard, eines Schatzes, der aus 1 237 Goldmünzen und Juwelen besteht und der heute im British Museum bewundert werden kann.

ALS DER FISHPOOL HOARD VERGRABEN WURDE, WAR ER SEHR VIEL WERT – IN HEUTIGER WÄHRUNG ETWA 360 000 £.

SCHMUCKZENTRUM

HATTON GARDEN

Hatton Garden ist Londons Schmuckbezirk. Hier werden Juwelen ge- und verkauft und edler Schmuck hergestellt. Anfang 2015 bohrte eine Räuberbande durch eine 50,8 cm dicke Betonwand einen Zugang in den Tresorraum einer Bank in Hatton Garden und raubte Juwelen im Wert von etwa 200 Mio. £. Es war einer der größten Raubüberfälle in Großbritannien. Die Räuber wurden aber geschnappt.

HATTON GARDEN

SILBERGESCHÄFT

LONDON SILVER VAULTS

In diesem unterirdischen Labyrinth bewahrten wohlhabende Londoner ihre Wertsachen auf. Das Kellergewölbe wurde von Wächtern mit Knüppeln, Macheten und Flinten beschützt. Auch heute noch kannst du dir die dicken, eisengepanzerten Türen anschauen, die Diebe daran hinderten, sich mit den Schätzen aus dem Staub zu machen. Heute befinden sich hier die besten Silbergeschäfte Londons.

Suche: FAKTEN ÜBER SCHÄTZE

1,5 TRILLIONEN £ (1,7 TRILLIONEN €)

So viel besitzen offiziell alle Londoner Haushalte zusammen.

GROSSBRITANNIENS REICHSTE STRASSE

Bishop's Avenue, Highgate

Diese Straße hat den Spitznamen „Billionaire's Row", denn sie ist die teuerste Wohnstraße Großbritanniens. Eine Villa kostet hier bis zu 65 Mio. £.

TEUERSTER PARKPLATZ

im Stadtteil Knightsbridge

Für einen Parkplatz muss man in London manchmal ein Vermögen hinblättern! 2021 wurde ein Autostellplatz im Stadtteil Knightsbridge für 250 000 £ verkauft.

GESCHÜTZTER GOLDSTAPEL

BANK OF ENGLAND

In einem Kellergewölbe unter der Bank of England werden hinter bombensicheren Mauern Goldbarren im Wert von mehr als 200 Mrd. £ gelagert. Das Gold gehört Regierungen aus aller Welt. Einer der Bankangestellten hat den Job, die Barren regelmäßig zu entstauben.

SCHÄTZE DES BÜRGERMEISTERS

MANSION HOUSE

Das Mansion House ist der Amtssitz des Oberbürgermeisters der City of London. Hier werden auch seine Schätze aufbewahrt, unter anderem das Sword of State und die Amtskeule (oben abgebildet) sowie die aus Gold und Diamanten bestehende Amtskette. Hier wird auch eine der weltweit größten Sammlungen von Gold- und Silbergeschirr für große Bankette aufbewahrt. Außerdem befindet sich in diesem Haus noch ein jahrhundertealtes Schwert, das Pearl Sword, dessen Scheide mit 2 500 Perlen besetzt ist. Es wurde einst von Queen Elizabeth I. bei Feierlichkeiten getragen.

BRITISCHE SCHÄTZE

DIE KRONJUWELEN

TOWER OF LONDON

Zu den britischen Kronjuwelen gehören zehn, richtig gelesen: zehn Kronen! Außerdem Schwerter, Reichsäpfel, Zepter und weitere glitzernde Dinge, die zur Krönungszeremonie britischer Monarchen benötigt werden. Die ganze glänzende Sammlung wird hinter besonders dickem, gehärtetem Glas im Jewel House des Tower of London aufbewahrt und durch eine Hi-Tech-Sicherheitsvorrichtung geschützt. Schließlich hat sie einen Wert von ...

... 3–5 Mrd. £! (3,4–5,7 Mrd. €)

KLUNKER

Die hier abgebildete Imperial State Crown ist mit mehreren ganz besonderen Juwelen besetzt, die so groß sind, dass sie jeweils einen eigenen Namen haben. Am ältesten ist wahrscheinlich der St. Edward's Sapphire (der blaue Stein ganz oben in der Mitte des Kreuzes). Er soll von einem Ring stammen, den Eduard der Bekenner, König von England, vor fast 1 000 Jahren trug und der eine gespenstische Vergangenheit hat: Einige Jahre nach seinem Tod wurde Eduards Grab geöffnet und der Ring wurde ihm vom Finger gezogen.

HALTEN SIE MAL, MAJESTÄT!

Bei der Krönungszeremonie bekommt der Monarch einen goldenen Reichsapfel und ein mit Juwelen besetztes Zepter sowie ein Schwert und ein paar goldene Armbänder. Gleichzeitig werden Kopf, Hände und Brust mithilfe eines heiligen Silberlöffels mit geweihtem Öl betupft.

2868 DIAMANTEN

17 SAPHIRE | **11 SMARAGDE**

273 PERLEN | **5 RUBINE**

GESTOHLEN!

1671 VERSUCHTEN THOMAS BLOOD UND SEINE KUMPANE, DIE KRONJUWELEN ZU STEHLEN. FAST HÄTTEN SIE ES AUCH GESCHAFFT! DURCH EINEN TRICK BRACHTE BLOOD DEN JUWELENVERWAHRER DAZU, IHM DIE JUWELEN ZU ZEIGEN. DANN VERPASSTE ER IHM EINEN KINNHAKEN, HAUTE EDWARDS KRONE MIT EINEM HOLZHAMMER PLATT UND VERSTECKTE SIE UNTER SEINEM UMHANG. ER STECKTE AUSSERDEM NOCH EINEN REICHSAPFEL IN SEINE KNIEHOSEN! GERADE NOCH RECHTZEITIG WURDE ALARM AUSGELÖST UND DIE RÄUBERBANDE GESCHNAPPT.

DER KNÜLLER

Die Zepterspitze ist mit dem größten farblosen Diamanten der Welt, dem hier abgebildeten Cullinan I, verziert. Er ist Teil des größten jemals gefundenen Diamanten, dem 10 cm langen Cullinan-Diamanten. Er ist also etwas mehr als halb so hoch wie das Buch, das du gerade in den Händen hälst! Der Diamant wurde in einer Mine in Südafrika von dem Minendirektor entdeckt. Als er durch einen Tunnel ging, sah er einen Kristallklumpen in der Wand und stocherte mit seinem Spazierstock solange daran herum, bis er runterfiel.

DER GRÖSSTE DIAMANT DER WELT!

LECKERES LONDON

London gehört zu den größten Gourmet-Metropolen der Welt. Die Stadt ist rappelvoll mit Top-Restaurants und erstklassigen Cafés, von denen einige richtig kreative Speisen servieren. Hoffentlich hast du Appetit mitgebracht!

Wohlriechend wie Honig,
süß im Geschmack!
So locker und weiß wie
mit Licht gebacken.
Weich, samtig und zart
wie Babyhaut.

START

SUPERKUCHEN

CHELSEA

Chelsea-Buns, dieser berühmte britische Kuchen, wurde erstmals Anfang des 18. Jahrhunderts gebacken und in einem schon lange nicht mehr existierenden Laden namens Old Chelsea Bun House verkauft. Der Inhaber hatte den Spitznamen Captain Bun und es heißt, dass Tausende – darunter auch Mitglieder des Königshauses – vor dem Laden Schlange standen nach den herzhaft fruchtigen Buns frisch aus dem Ofen. Ein Londoner Dichter war von den Buns dermaßen entzückt, dass er ein Gedicht darüber schrieb (siehe oben).

CHELSEA

FRUCHTFLEISCH

MANDARIN ORIENTAL HOTEL, KNIGHTSBRIDGE

Sollte dir der Spitzenkoch Heston Blumenthal je eine saftig aussehende Orange servieren, dann bereite dich auf eine Herausforderung deiner Geschmacksnerven vor. Die „Fleisch-Frucht", die in diesem weltberühmten Londoner Restaurant aus der Küche kommt, sieht aus wie eine Orange, besteht aber aus Orangengelee gefüllt mit einer schmackhaften Fleischmischung. Heston liebt Experimente und erfindet Rezepte für ausgefallene, köstliche Speisen, von denen bestimmt jeder überrascht sein wird.

EIN GOLDENER HAPPEN

HONKY TONK, CHELSEA

2014 bereitete ein Londoner Restaurant den damals teuersten Burger der Welt zu, den „Glamburger“. Er kostete köstliche 1 100 £ und bestand aus edelstem Rindfleisch, gefüllt mit schwarzen Trüffeln und Brie, obendrauf ein Hummer, Kaviar, Bacon mit Ahornsirup und ein mit Blattgold beschichtetes Entenei – das alles in einem mit Blattgold ausgelegten Brötchen. Serviert wurde der Hamburger mit Scheibchen von weißen Trüffeln und einer Champagnersauce.

CLERKENWELL GREEN

PICCADILLY

KLASSE TEE

FORTNUM & MASON, PICCADILLY

Fortnum & Mason ist eines der edelsten Lebensmittelgeschäfte in London. Hier wird seit 300 Jahren Tee verkauft; der Teesalon ist ein grandioser Ort, um ein Tässchen zu leeren und ein Gurkensandwich zu genießen. Der berühmte Nachmittagstee setzte sich in London erst um 1800 durch und wurde zu einem großen gesellschaftlichen Ereignis. Jeder zog seine besten Handschuhe an, um sich unter Freunden Kuchen und Sandwiches auf der Zunge zergehen zu lassen.

AUF DEM DACH VON FORTNUM AND MASON GIBT ES VIER WUNDERSCHÖN VERGOLDETE BIENENSTÖCKE. ALS DANK FÜR DIESES LUXURIÖSE LEBEN PRODUZIEREN DIE BIENEN ERSTKLASSIGEN HONIG FÜR DIE KUNDEN DES SHOPS.

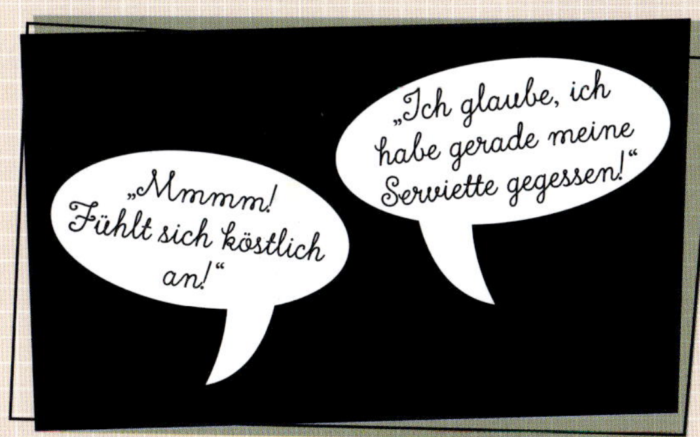

DUNKELRESTAURANT

CLERKENWELL GREEN

„Dans le Noir“ bedeutet „im Dunkeln“ und ist also genau der richtige Name für ein Restaurant, in dem man im Stockdunkeln isst. Den Gästen wird nicht gesagt, was auf den Tellern ist, sie müssen sich auf ihren Geruchs-, Geschmacks- und Tastsinn verlassen um herauszufinden, was sie essen. Stiellose Gläser kann man nicht so schnell umkippen und Besteck sucht man vergeblich. Man muss also mit den Fingern essen. Sehbehinderte führen die Gäste an ihre Plätze, die nach einem solchen Erlebnis besser nachempfinden können, wie es ist, blind zu sein.

WERTVOLLER PARMESAN

SEETHING LANE

Als das Great Fire of London, der große Stadtbrand, 1666 ausbrach, musste der Londoner Tagebuchautor Samuel Pepys seine wertvollsten Habseligkeiten vor dem Feuer retten, u. a. einen riesigen Laib Parmesankäse! Da er zum Tragen zu schwer war, vergrub er ihn in seinem Garten. War er einfach nur verrückt nach Käse? Nein! Er wollte kein Geld verlieren. Parmesankäse war damals hoch geschätzt und richtig teuer. Auch heute noch wird wertvoller Parmesankäse in Italien manchmal in Bankgewölben gelagert.

SEETHING LANE

BÜRGERMEISTERLICHES

GUILDHALL UND MANSION HOUSE

Die City of London ist der älteste Teil der Stadt und hat einen eigenen Bürgermeister. Jedes Jahr im November wird ein neuer Lord Mayor – so der englische Titel – ernannt, dann findet in der Guildhall ein großes Fest namens Lord Mayor's Banquet statt. Das ist schon seit 800 Jahren so.

GUILDHALL UND MANSION HOUSE

Im Dezember bekommt der Lord Mayor eine kulinarische Delikatesse – einen gebratenen Schweinskopf, der seit etwa 800 Jahren von der Schlachterinnung präsentiert wird. Die Schlachter marschieren durch die Straßen und tragen einen gigantischen Schweinskopf aus Pappmaché zum Mansion House, dem Amtssitz des Bürgermeisters. Den echten bekommt er natürlich schon vorher!

ECHT LECKER

EAST END

EAST END

In Londons East End wurde früher eine lokale Variante von Aal in Aspik viel gegessen. Dazu gab's eingelegte Herzmuscheln und Fleischpastete. Zunächst wird der Aal klein geschnitten und in Brühe gekocht. Danach kühlt das Ganze ab, und die Aalstücke sondern jetzt eine Art Gelatine ab, sodass sie von einem weichen Gelee umgeben sind. Meist wird das kalt gegessen. Diese Speise wird noch heute in einigen Cafés im East End serviert. Dort kannst du auch Aal mit „liquor", einer Petersiliensauce auf Basis der Brühe von gekochten Aalen, probieren.

SPRATTS X PUPPY

DER ERSTE HUNDEKUCHEN

EINE WERFT AN DER THEMSE

In den 1860er-Jahren zog der amerikanische Elektriker James Spratt in London von Tür zu Tür und versuchte, seine Dienste anzubieten. Dabei sah er, wie die Hunde aus der Gegend unten an einer Werft die Reste von Schiffszwieback fraßen. Das brachte ihn auf die Idee, den ersten Hundekuchen der Welt herzustellen.

THAMES SHIPYARD

Obwohl in London über 9 Mio. Menschen wohnen, gibt es auch noch Platz für Natur. Überall in der Stadt trifft man auf außergewöhnliche Tiere und Pflanzen.

DIE GRÖSSTEN SCHLAUCHPFLANZEN IN KEW GARDENS KÖNNEN KLEINE VÖGEL UND KLEINSÄUGER VERSCHLINGEN.

FLEISCHFRESSENDE MONSTER

KEW GARDENS

Kew Gardens wurde 1840 gegründet und gehört zu den weltweit bedeutendsten Pflanzenforschungszentren. Die Sammlung von Pflanzen und Bäumen aus aller Welt ist schier unglaublich. Viele waren vom Aussterben bedroht, jetzt werden sie von den hervorragenden Botanikern in Kew Gardens gepflegt.

Namen stehen auf der Pflanzenliste, die von Kew Gardens und dem Missouri Botanical Garden erstellt wurde.

KEW GARDENS

MÖRDER!

Kews Prince of Wales Conservatory ist das wärmste und feuchteste Gewächshaus in Kew und die Heimat von fleischfressenden Monstern! Hier liegen Schlauchpflanzen, unschuldig aussehende, röhrenförmige Pflanzen, auf der Lauer. In der Röhre der Schlauchpflanze befindet sich ein süßer Nektar, der winzige Tierchen anlockt. Ist das Tier erst mal drinnen, ist es dem Untergang geweiht. Es gibt kein Entrinnen über die steilen Wände, das arme Tierchen wird langsam von der Flüssigkeit in der Pflanze verdaut. Die Pflanze lebt von den Nährstoffen aus den zersetzten Körpern ihrer Beute.

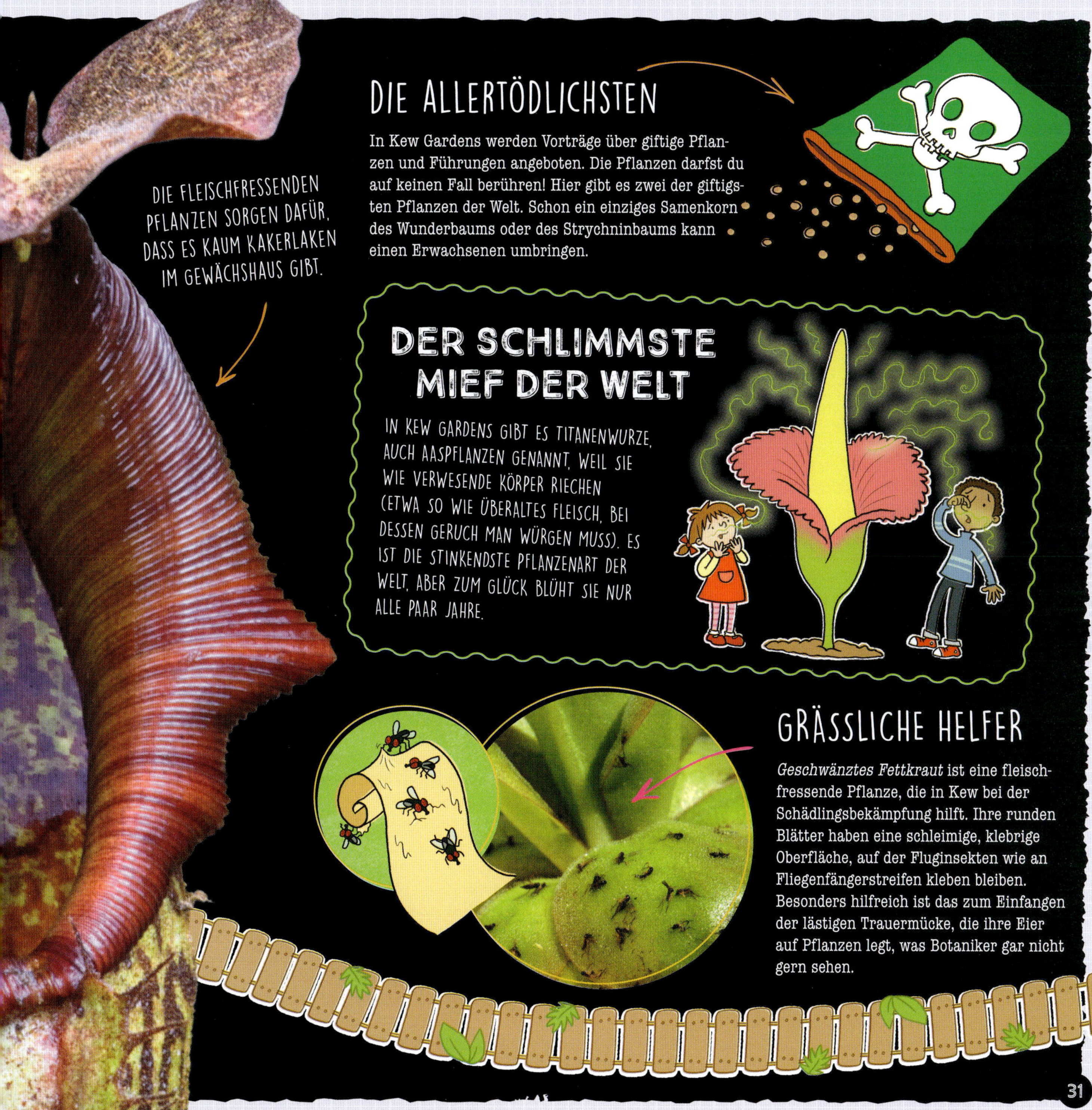

DIE ALLERTÖDLICHSTEN

In Kew Gardens werden Vorträge über giftige Pflanzen und Führungen angeboten. Die Pflanzen darfst du auf keinen Fall berühren! Hier gibt es zwei der giftigsten Pflanzen der Welt. Schon ein einziges Samenkorn des Wunderbaums oder des Strychninbaums kann einen Erwachsenen umbringen.

DER SCHLIMMSTE MIEF DER WELT

IN KEW GARDENS GIBT ES TITANENWURZE, AUCH AASPFLANZEN GENANNT, WEIL SIE WIE VERWESENDE KÖRPER RIECHEN (ETWA SO WIE ÜBERALTES FLEISCH, BEI DESSEN GERUCH MAN WÜRGEN MUSS). ES IST DIE STINKENDSTE PFLANZENART DER WELT, ABER ZUM GLÜCK BLÜHT SIE NUR ALLE PAAR JAHRE.

GRÄSSLICHE HELFER

Geschwänztes Fettkraut ist eine fleischfressende Pflanze, die in Kew bei der Schädlingsbekämpfung hilft. Ihre runden Blätter haben eine schleimige, klebrige Oberfläche, auf der Fluginsekten wie an Fliegenfängerstreifen kleben bleiben. Besonders hilfreich ist das zum Einfangen der lästigen Trauermücke, die ihre Eier auf Pflanzen legt, was Botaniker gar nicht gern sehen.

WO PIEPSEN SIE DENN?

LONDON WETLAND CENTRE, BARNES

Sieben verschiedene Fledermausarten flattern durch London. Das Wetland Centre in Barnes ist der beste Ort, um diese Zeitgenossen zu bewundern. Fledermausfans, die Barnes besuchen, bekommen einen Detektor, der die schrillen Signale auffangen kann, die die Fledermäuse bei ihrem Geflatter durch die Abenddämmerung abgeben. Zu den Londoner Fledermäusen zählt auch Großbritanniens kleinste Fledermaus, die Zwergfledermaus, mit einer Flügelspannweite von rund 20 cm. Aber auch die größte Fledermaus Großbritanniens, der Große Abendsegler mit einer Flügelspannweite von 40 cm, wurde hier schon gesichtet.

LONDON ZOO

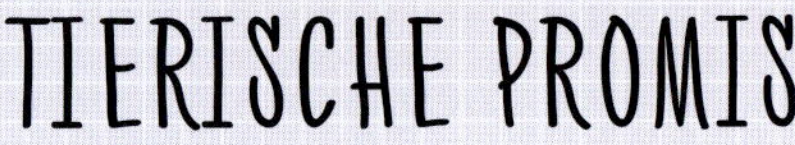

TIERISCHE PROMIS

LONDON ZOO

Der London Zoo ist der älteste wissenschaftliche Zoo der Welt. In dem 1828 gegründeten Zoo kannst du über 700 Tierarten bewundern. Hier werden nicht nur wissenschaftliche Studien betrieben, hier werden auch Arten erhalten. Einige von ihnen sind echte Berühmtheiten. Der Pinguin Ricky the Rockhopper war – vor seinem Umzug in einen anderen englischen Zoo – bekannt als der schlechtgelaunteste Vogel im Pinguingehege, er hat sogar eine Facebook-Seite. Weitere frühere Zoobewohner waren unter anderem Guy the Gorilla, ein äußerst sanftmütiges Tier, das gern Vögel im Arm schaukelte, und Goldie the Golden Eagle, der in London ein Verkehrschaos verursachte, als er 1965 ausgebrochen war.

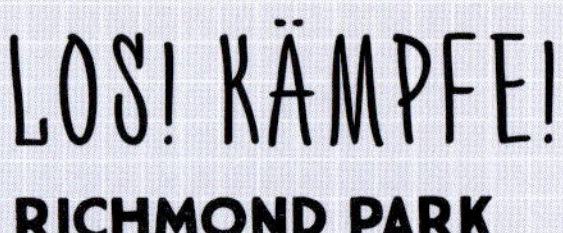

LOS! KÄMPFE!

RICHMOND PARK

Der Richmond Park ist der größte ummauerte Park Londons und eigentlich ein Ort, an dem ernsthafte Kämpfe eher unwahrscheinlich sind. Aber seit Jahrhunderten streift Rot- und Damwild durch den Park, und jeden Herbst treffen die Geweihe der Männchen bei lautem Röhren aufeinander. In dieser „Brunftzeit" wird um die Weibchen gekämpft. Die Hirsche sind ziemlich aufgekratzt und Besucher sollten Abstand halten.

RICHMOND PARK

GEFIEDERTES GROSSMAUL

FLEET STREET

Als der afrikanische Graupapagei Polly 1926 starb, sollen weltweit 200 Zeitungen darüber berichtet haben. Aber warum war Polly derart berühmt? Weil sie etwa 40 Jahre lang im Ye Olde Cheshire Cheese, einer Kneipe in der Fleet Street, wohnte. Dort äffte sie die Gäste nach, gab falsche Bestellungen auf und fluchte fürchterlich. Als Prinzessin Mary sie unbedingt sehen wollte, waren alle sehr besorgt, dass Polly sie mit ihrer derben Sprache schockieren könnte, aber glücklicherweise verlief das Gespräch höflich. Polly sitzt auch heute noch in einer Ecke des Pubs. Sie hält jetzt aber ihr Plappermaul, denn sie ist ausgestopft.

FLEET STREET

TATE MODERN

SCHNELLE JÄGER

TATE MODERN

Wanderfalken sind die schnellsten Tiere auf unserem Planeten. Wenn sie aus der Höhe herunterschießen, um ihre Beute zu greifen, können sie sage und schreibe 320 Stundenkilometer schnell werden. Eigentlich mögen sie weite, offene Flächen, aber manchmal beschließen sie auch, auf städtischen Gebäuden (die Klippen ähneln) zu leben. Ein paar haben sich das Londoner Kunstmuseum Tate Modern (siehe unten) als Tummelplatz ausgesucht. Manchmal lassen sich Vogelbeobachter draußen mit ihren Ferngläsern nieder und hoffen, einen Blick auf Londons schnellste Bewohner werfen zu können.

KÖNIGLICHE VÖGEL

TOWER OF LONDON

Seit Jahrhunderten leben Raben im Tower of London. Man sagt, dass das Königreich untergeht, wenn sie verschwinden. Folglich werden immer mindestens sechs Raben im Tower gehalten. Ein Flügel der Vögel ist gestutzt, damit sie nicht wegfliegen können. Als Wiedergutmachung werden sie total verwöhnt und bekommen täglich rohes Fleisch und blutgetränkte Plätzchen serviert. Trotzdem hauen sie manchmal ab oder benehmen sich derart daneben, dass sie rausgeworfen werden. Ein Rabe verschwand und wurde zuletzt vor einem Pub gesichtet, ein anderer wurde gefeuert, weil er Fernsehantennen angeknabbert hatte.

ZIEGENRENNEN

SPITALFIELDS CITY FARM

Vielleicht hast du schon von dem Oxford gegen Cambridge Boat Race gehört, einem alljährlichen Wettkampf von Uni-Ruderteams auf der Themse. Das in den letzten Jahren von der Spitalfields City Farm ausgerichtete Oxford gegen Cambridge Goat Race ist aber etwas ganz anderes. Dabei rannten in den Farben der Unis gekleidete Ziegen (goats) um die Wette und wurden von jubelnden Menschenmassen angefeuert. Auf der Farm kannst du Schweinebabys einen Klaps auf den Po geben, und wenn du willst auch lernen, wie man Wolle spinnt . Und das alles nur einen Katzensprung von der City entfernt.

SPITALFIELDS

800 JAHRE LANG GAB ES AM TOWER OF LONDON EINEN KÖNIGLICHEN PRIVATZOO. HIER LEBTEN ALLE MÖGLICHEN TIERE – SOGAR EIN POLARBÄR, DER IN DER THEMSE FISCHE FANGEN DURFTE. DER ZOO IST JETZT ZWAR GESCHLOSSEN, ABER ES HEISST, DASS EIN BEWOHNER HIER NOCH HERUMSTREIFT. DER GRIZZLYBÄR OLD MARTIN SOLL ALS RIESIGER FAUCHENDER GEIST IM TOWER SEIN UNWESEN TREIBEN!

BERÜHMTES DICKERCHEN

HORNIMAN MUSEUM

Wenn ein Walross seinen eigenen Twitter-Account hat, obwohl es schon über 100 Jahre tot ist, dann ist klar, dass es etwas Besonderes sein muss. Zu Lebzeiten schwamm das gewaltige Tier in Kanada in der Hudson Bay rum. Nach seinem Tod wurde es ausgestopft – allerdings nicht sehr gut. Es ist so pummelig, dass nicht mal die kleinste Walrossfalte zu sehen ist. Das liegt wahrscheinlich daran, dass der Tierpräparator noch nie ein lebendiges Walross gesehen hatte. 1901 fand es dann seinen Platz oben auf einem unechten Eisberg im Londoner Horniman Museum.

EINE HOPSE-PARTY

GREENWICH

Die Frösche sind wach! Die Party beginnt! Im Greenwich Peninsula Ecology Park in South East London wird jedes Jahr gefeiert, wenn die Frösche im Frühjahr aus ihrem Winterschlaf kommen. Am Frog Day kannst du Froschlaich bewundern und an froschigen Kunstaktivitäten sowie Workshops zu Ehren des wunderbaren Frosches teilnehmen. Diese einst industrialisierte und verunreinigte Naturoase steht seit 1978 unter Naturschutz und ist jetzt bei unseren quakenden Freunden äußerst beliebt.

Suche: WILDES LONDON

ZUGEREISTE TIERE

In London wurden fremde, wild lebende Tiere entdeckt: Auf dem Highgate Cemetery Wallabys, unten an den Docks Europäische Gelbschwanzskorpione. Viele dieser Fremdlinge sind aus Zoos oder Privatsammlungen weggelaufen.

AUF DEN SPUREN DER MAGIE

Auf diesem verwunschenen Spaziergang lernst du alles über Magier, Zaubersprüche und Legenden der magischen und geheimnisvollen Stadt London!

KENSINGTON GARDENS

NIE ERWACHSEN

PETER PAN, KENSINGTON GARDENS

1912 gab J. M. Barrie, der Autor des berühmten Kinderbuchs Peter Pan, eine Skulptur von Peter in Auftrag, die du jetzt in Kensington Gardens bewundern kannst. In Barries Geschichte ist Peter Pan ein Junge, der niemals erwachsen wird. Er ist der Anführer einer Gruppe mit dem Namen „Verlorene Jungs". Zusammen erleben sie Abenteuer mit Feen, Meerjungfrauen und Piraten. Kleine Elfen, Kaninchen, Eichhörnchen und Mäuse klettern an Peters Statue herum, die genau an der Stelle steht, an der er landet, als er im Buch aus einem Kinderzimmerfenster fliegt.

PETER PAN IST HEUTE AKTUELLER DENN JE. WENN DU DEIN SMARTPHONE ÜBER EINE PLATTE IN DER NÄHE DER STATUE ZIEHST, RUFT DICH PETER HÖCHSTPERSÖNLICH AN!

DIE CLEVERSTE KATZE DER STADT

WHITTINGTON'S CAT, HIGHGATE HILL

Die Hauptperson in der Legende vom Aufstieg des Londoner Küchenjungen Dick Whittington zu Reichtum und in politische Ämter ist eigentlich seine Katze. Das muntere Tierchen reiste auf einem Schiff in ein fernes Land und tötete dort alle Ratten. Vom König dieses Landes erhielt Dick dafür sehr viel Geld. In Highgate Hill gibt's eine Statue der Katze, genau dort, wo der Küchenjunge Dick gehört haben soll, wie ihn die Kirchenglocken Londons zurückriefen, als er aufgeben und die Stadt verlassen wollte.

HIGHGATE HILL

ZENTRALE DER MAGIER

MAGIC CIRCLE HEADQUARTERS

Wenn du dir einen Zauberkünstler auf der Bühne vorstellst, denkst du vielleicht an jemanden mit langem Cape und einem Zylinder auf dem Kopf, der seinen Assistenten gerade in zwei Hälften sägt. Derartige Zaubereien wurden um 1900 in London entwickelt. Damals haben Illusionisten den Weg für viele neue Tricks bereitet. Sie konnten Menschen schweben lassen, sich aus Handschellen befreien und ihren Kopf unter dem Arm tragen. Britische Magier sorgten sich, dass ihre Berufsgeheimnisse bekannt würden und gründeten 1905 deshalb einen Club der Magier, den Magic Circle. Er hat sein eigenes Museum und einen Club für Nachwuchsmagier.

POTTER-DETEKTIVE

KING'S CROSS STATION UND WEITERE POTTER-LOCATIONS

Der Zauberschüler Harry Potter fuhr von der King's Cross Station, Bahnsteig 9¾, in sein Zauberinternat Hogwarts. Harry musste seinen Kofferkuli gegen eine Wand rammen, und die netten Leute vom Bahnhof haben unweit von Bahnsteig 9 einen Einkaufswagen an der Wand befestigt, sodass Potter-Fans die Szene nachspielen können, ohne sich dabei die Nase an den Ziegelsteinen zu brechen. London hält noch mehr interessante Orte für Potter-Freaks bereit. Im Reptilienhaus des London Zoo lernte Harry die Sprache Parsel, und die Idee für die Winkelgasse ist irgendwo in der Nähe der Charing Cross Road angesiedelt. Der Leadenhall Market ist die Winkelgasse im Film *Der Stein der Weisen*.

KING'S CROSS

EIN SAGENHAFTER MANN

LUDGATE

Eine wahrhaft geheimnisvolle Geschichte rankt sich um König Lud, den sagenhaften Gründer Londons. Es heißt, dass Luds Familie gegen die eindringenden Römer gekämpft habe, und dass Lud die Stadt so viel bedeutete, dass er in Ludgate ein Stadttor errichten ließ. Tatsächlich gibt es in der britischen Geschichte keinen König Lud, und die Wahrheit hinter diesem Mythos kennt niemand. Also kannst du dir deine eigene Version ausdenken. Statuen von König Lud und seinen Söhnen stehen vor der Kirche St. Dunstan-in-the-West. Von ihnen kannst du dich ja für deine Lud-Story inspirieren lassen.

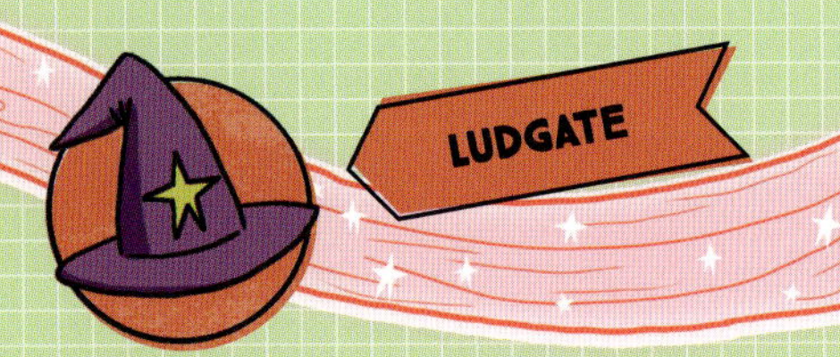

CANNON STREET

LEGENDÄRER KLUMPEN

CANNON STREET

In einer belebten Londoner Straße befindet sich ein Steinklumpen, der von kaum einem der Passanten beachtet wird. Wenn man der Legende Glauben schenken darf, ist er der Schlüssel zu Londons Schicksal! Es ist der „London Stone“. Es heißt, dass, wenn er je zerstört wird, das Gleiche auch mit der Stadt geschieht. Einst war er sehr berühmt, und die Menschen waren besessen von seiner magischen Kraft. Einige sagten, er stamme aus einem antiken heiligen Altar, andere meinen, dass es der Stein sei, in dem früher King Arthurs Schwert *Excalibur* gesteckt haben soll. Was stimmt nun? Die Wahrheit wirst du wohl nie erfahren!

UNORDENTLICHER MITHRAS

MUSEUM OF LONDON

Die alten Römer herrschten rund 500 Jahre in Londinium (ihr Name für London). Viele römische Soldaten verehrten einen Gott namens Mithras, und 1954 wurden in der City of London die Reste eines Tempels gefunden, der ihm gewidmet war. Funde wie die abgebildete Schnitzarbeit wurden im Schlamm entdeckt und können jetzt im Museum of London bewundert werden. Die Verehrer von Mithras veranstalteten in ihren Tempeln sonderbare Zeremonien. Neue Mitglieder mussten, so heißt es, unter einem Gitter stehen, während über ihnen ein Bulle geopfert wurde, dessen Blut dann über sie lief.

MUSEUM OF LONDON

Suche: MITHRAS-TEMPEL

400 000

Besucher standen innerhalb von nur 2 Wochen Schlange, um den 1954 neu entdeckten Mithras-Tempel zu sehen.

ZEIT DER RIESEN

THE GUILDHALL

In der Guildhall der City of London leben zwei wundersame Riesen! Es heißt, dass Großbritannien vor langer, langer Zeit ein Land namens Albion war, in dem Furcht erregende Riesen lebten. Gog und Magog, zwei dieser Riesen, wurden von dem Held Brutus besiegt und an die Tore seines Palasts gekettet. Das soll genau an der Stelle gewesen sein, an der heute die Guildhall steht. Schnitzarbeiten mit den Riesen werden in der Guildhall aufbewahrt, und jedes Jahr, wenn der Oberbürgermeister anlässlich der Lord Mayor's Show durch die Stadt zieht, führen riesige Gog- und Magog-Figuren die Prozession an.

AUF RÄDERN

Auf den Straßen Londons vorwärts zu kommen, kann dauern, aber du musst nicht warten. Diese Strecke ist für dich allein bestimmt und ganz ohne Verkehrsstaus – dafür aber mit verblüffenden Fakten an jedem Stopp. Los geht's! Viel Spaß auf dieser Lonely-Planet-Tour!

START

SOUTH KENSINGTON

IM PARK GEHT'S LOS

OLDTIMERRENNEN VON LONDON NACH BRIGHTON, START: HYDE PARK

Am ersten Sonntag im November heulen bei Sonnenaufgang die Motoren von etwa 500 Oldtimern im Hyde Park auf und das weltweit älteste Oldtimer-Rennen beginnt. Die Fahrer der knatternden Oldies hoffen, die 95,5 km lange Strecke von London bis an den Strand von Brighton zu schaffen. Vor dem Start wird im Park feierlich eine rote Flagge zerrissen. Der Grund dafür ist, dass bei dem ersten Rennen 1896 das Ende eines alten Verkehrsgesetzes gefeiert wurde, das vorschrieb, dass ein Mann vor dem Auto herlaufen und eine rote Warnflagge schwingen musste!

BEWUNDERNSWERT

SCIENCE MUSEUM, SOUTH KENSINGTON

Hier kannst du Puffing Billy, die älteste Dampflok der Welt, bewundern. Sie wurde 1814 gebaut, um Kohlewagen von einer Mine zu den Docks in Northumberland zu befördern. Pferde konnten zwei Wagen pro Tag ziehen, Puffing Billy aber bis zu zwölf Wagen pro Stunde – ein echter Fortschritt. Kein Wunder also, dass diese Lok bis 1862 in Betrieb war.

HYDE PARK

ZYLINDER, KLATSCH UND TRATSCH

ROTTEN ROW, HYDE PARK

In Zeiten, in denen es weder Zeitungen noch Internet gab, erfuhren die Londoner den neuesten Promiklatsch in der Rotten Row – DEM Ort, um in London gesehen zu werden. Auf diesem Weg, der von Hyde Park Corner zur Serpentine Road führt, zeigten sich die Promis im 18. und 19. Jahrhundert auf Pferden oder in Pferdekutschen. Sie trugen ihre beste Kleidung und flirteten. Da die Geschwindigkeit gering war, hatte man Zeit, um einander schöne Augen zu machen. Gelegentlich wurden hier auch Prinzen und ihre Freundinnen gesichtet, was die Gerüchteküche in Nullkommanichts anheizte.

HYDE PARK

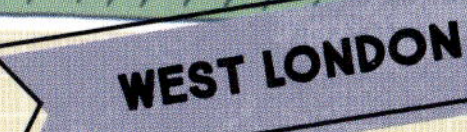

KUTSCHERHÄUSCHN

WEST LONDON

Überall in West London wird man an längst vergangene Zeiten erinnert, als „Taxifahrer“ in Pferdekutschen durch die Stadt fuhren. Da die Fahrer bei jedem Wetter oben auf ihren Droschken sitzen mussten, wundert es nicht, dass sie ab und zu eine Pause einlegten. Dumm war nur, dass sie gern in Pubs gingen ... was der Sicherheit auf den Straßen nicht gerade zuträglich war. Also wurde eine Gesellschaft gegründet, die für die Droschkenfahrer kleine Häuschen bauten, in denen sie sich aufwärmen und ein warmes Getränk und einen Snack zu sich nehmen konnten – aber keinen Alkohol. Diese Hütten am Straßenrand sind eine Mischung aus Gartenschuppen und Crickethäuschen. Es gibt noch zwölf von ihnen – in Chelsea, Kensington und in Westminster.

VERLORENES

200 BAKER STREET

In der Baker Street Nr. 200 befindet sich das Fundbüro der Londoner Verkehrsbetriebe. Über die Jahre haben die Fahrgäste viele recht eigenartige Sachen in den Bussen, Zügen und Taxis der Hauptstadt verloren. Und wo landen all die Fundstücke? Hier! Nicht abgeholte Wertgegenstände werden versteigert.

Über die Jahre verloren gegangene Gegenstände:

- SARG (EINE THEATER-REQUISITE)
- ZWEI MENSCHLICHE SCHÄDEL
- AUSGESTOPFTER ADLER
- GETROCKNETER KUGELFISCH
- GARTENBANK
- KINDERRUTSCHE
- TAUCHHARPUNE
- STANDUHR
- 4 M LANGES BOOT.

BAKER STREET

REKORD AUF RÄDERN

THE LONDON WHEELCHAIR MARATHON, HORSE GUARDS PARADE (START UND ENDE)

Der Londoner Marathon führt seit 1981 an der Themse entlang und ist auf der ganzen Welt berühmt. Aber der Londoner Rollstuhlmarathon ist eigentlich noch viel spannender. Elektrische Rollstühle sind verboten. Die Fahrer müssen selbst Speed machen, ein Frisieren ihrer Vehikel ist nicht möglich.

HORSE GUARDS PARADE

EINSTEIGEN BITTE

LONDON TRANSPORT MUSEUM, COVENT GARDEN

Einsteigen bitte, wenn du an einem Trip durch Londons interessante Geschichte auf Rädern teilnehmen willst. In dem Verkehrsmittelmuseum erfährst du, wie die Menschen vor mehr als 200 Jahren durch London fuhren – von Sänften und Pferdeomnibussen bis hin zur ersten Untergrundbahn mit Dampfantrieb. Die Besucher sitzen in der Fahrerkabine eines roten Busses und fahren in einem Simulator der Northern-Line-Underground.

SÄNFTEN WAREN IN LONDON IM 18. JAHRHUNDERT IN. SIE WURDEN VON ZWEI STARKEN MÄNNERN GETRAGEN – EINER VORN UND EINER HINTEN. INNEN WAR GENUG PLATZ, UM SICH MIT DEN PERÜCKEN UND BAUSCHIGEN KLEIDERN, DIE MAN DAMALS TRUG, HINEINQUETSCHEN ZU KÖNNEN. DIE SÄNFTENTRÄGER WAREN WEGEN IHRER ENTSETZLICHEN FLUCHEREI VERSCHRIEN!

RADELPARTY

SHOREDITCH

Der Pedibus ist Londons Bar auf Rädern. Er zuckelt durch die Straßen und die bis zu zwölf Fahrgäste müssen zwar ordentlich in die Pedale treten, können aber gleichzeitig unterwegs eine Party feiern.

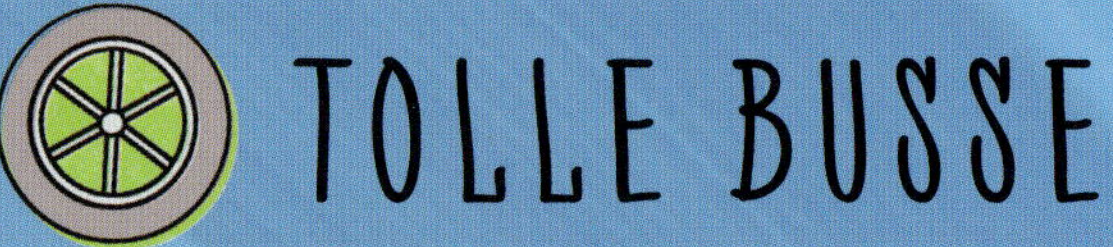

DER LONDONER BUS

JEDER hat schon von den knallroten Bussen gehört. Da sie in der ganzen Welt berühmt sind, muss man einfach mal damit gefahren sein. Also los, nichts wie rein!

DER KULTBUS

Der klassische Londoner Kultbus ist ein Doppeldecker namens Routemaster mit Türen hinten. 2005 wurde er durch moderne Busse ersetzt, ein paar der alten sind aber trotzdem noch in der Stadt zu sehen – beispielsweise wecken sie als Touristenbusse auf beliebten Strecken nostalgische Gefühle.

IN PARIS STIBITZT

Der allererste Londoner „Omnibus“ verkehrte 1829 zwischen Paddington und der Bank of England. Er hatte Platz für 22 Fahrgäste und wurde von drei Pferden gezogen. George Shillibeer, der Mann, der den Service ins Leben rief, hatte die Idee dafür in Paris geklaut.

WARUM ROT?

Vor 1907 gab es viele verschiedenfarbige Busse unterschiedlicher Busgesellschaften. Die London General Omnibus Company setzte rote Busse ein, um sich von den anderen abzuheben. Und das hat geklappt, denn die Firma stieg schnell zum größten Busunternehmen Londons auf.

GEISTER-FAHRT

ES HEISST, DASS DER GEISTERBUS MIT DER NUMMER 7 GELEGENTLICH MITTEN IN DER NACHT, OHNE FAHRER UND OHNE LICHT, IN CAMBRIDGE GARDENS AUFTAUCHT. EIN TIPP GEFÄLLIG? LIEBER NICHT EINSTEIGEN!

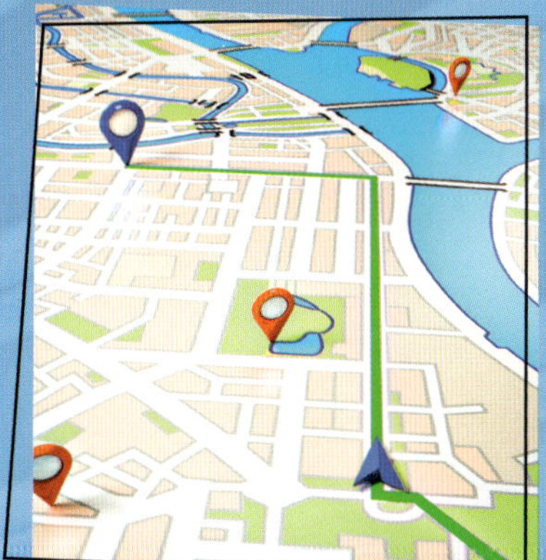

FUTUREBUS

Heutzutage haben die Londoner Busse ein High-Tech-Navigationssystem mit Satelliten-Tracking an Bord. So kann man auf einer virtuellen Straßenkarte Londons genau nachverfolgen, wo sich die Busse gerade befinden.

Die Zukunft sieht für sie noch strahlender aus: Die roten Busse werden grün, es laufen Versuche mit emissionsfreien E-Bussen.

OHNE WITZ!

Tollkühne Motorrad-Stuntkünstler springen liebend gern über Londoner Doppeldeckerbusse. Wenn du willst, kannst du dir die Video-Clips online anschauen. Der Star ist Chris Bromham, er sprang über 18 Busse!

LAUTES LONDON

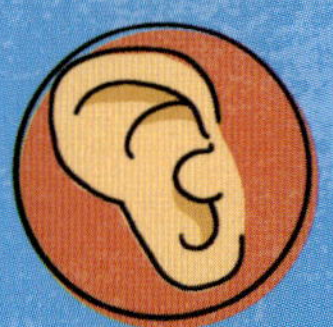

London hat viele berühmte Sehenswürdigkeiten und Straßen. Aber was hältst du davon, einfach mal den Geräuschen zu folgen? Auf dieser Tour wirst du einige typische Klänge der Stadt hören. Also Ohren auf!

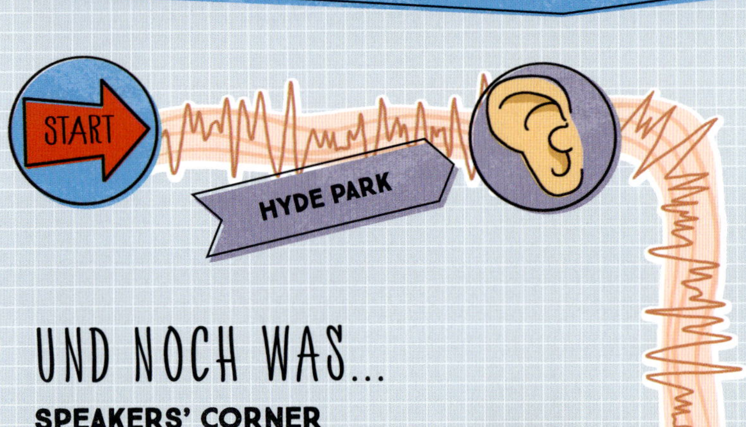

UND NOCH WAS...

SPEAKERS' CORNER

An dieser Ecke im Hyde Park kann man zuhören, wie Leute Reden schwingen. Hier kann jeder auftauchen und unangekündigt irgendetwas erzählen, er muss sich dabei nur an die Gesetze des Landes halten. Hier gibt's allerlei Geschimpfe, und es gab auch oft schon Kundgebungen und Proteste. Früher wurden in der Nähe am Tyburn Gallows Kriminelle gehängt. Bevor sie an den Galgen kamen, durften sie noch sagen, was ihnen am Herzen lag. Wahrscheinlich ist dieses Gebiet deshalb bis heute solch ein Hotspot der freien Meinungsäußerung.

GEBURTSTAGSBÖLLER

HYDE PARK, GREEN PARK, TOWER OF LONDON

An offiziellen königlichen Festen wie dem Geburtstag eines Mitglieds der königlichen Familie werden im Hyde Park, Green Park oder am Tower of London Salutschüsse abgefeuert. In Großbritannien sind 21 Böllerschüsse Tradition, doch in London reicht das natürlich nicht. In den königlichen Parks kommen 20 dazu, das sind dann 41. Am Tower of London gibt es an königlichen Geburtstagen 62 Salutschüsse – und manchmal sogar ohrenbetäubende 124.

ROYAL PARKS

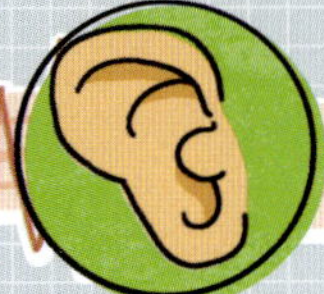

GROSSES GELÄUT

BIG BEN

Den Elizabeth Tower kennst du bestimmt – so heißt nämlich Big Ben, der weltberühmte Uhrturm an den Houses of Parliament. Genau genommen ist Big Ben nur der Name für die größte Glocke im Turm, zum ersten Mal schlug sie 1859. Sie wiegt so viel wie ein kleiner Elefant und musste von 16 Pferden durch London zum Turm gezogen werden. Die Londoner verpassten ihr schnell diesen Spitznamen, aber niemand weiß, warum. Vielleicht ist der Name zurückzuführen auf den Mann, der den Einbau beaufsichtigte, oder auf einen damals bekannten Box-Champion. Big Ben schlägt auf die Sekunde genau zu jeder vollen Stunde.

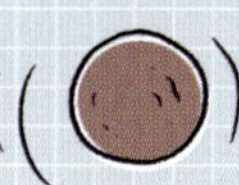

7 M IST DER DURCHMESSER

60 CM HOCH SIND DIE ZAHLEN

4,2 M LANG IST DER MINUTENZEIGER

2,7 M LANG IST DER STUNDENZEIGER

DIE LAUTESTEN ORTE DER STADT

TOTTENHAM COURT ROAD

Wo ist es in London am lautesten? Nach einer 2010 durchgeführten Studie sind die drei durchgeknalltesten Orte:

1. Tottenham Court Road

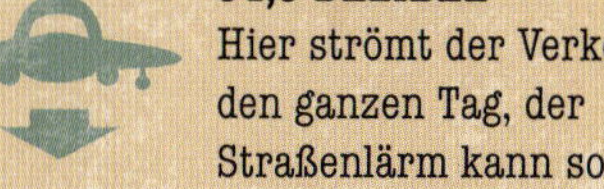

94,9 DEZIBEL

Hier strömt der Verkehr den ganzen Tag, der Straßenlärm kann so laut werden wie ein Flugzeug im Landeanflug.

2. Charing Cross Tube station

89,9 DEZIBEL

Das hört sich an, als stände man 1 Meter neben einem Presslufthammer.

3. Covent Garden

81,5 DEZIBEL

So laut klingelt ein Telefon.

TOTTENHAM COURT ROAD

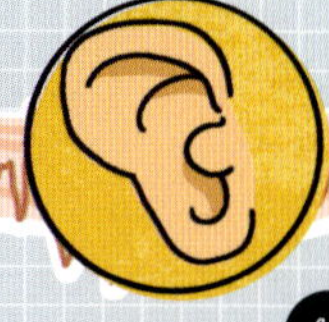

LULLABY FACTORY

GREAT ORMOND STREET HOSPITAL

Die Lullaby Factory ist eine geheimnisvolle Geräuschkulisse im Great Ormond Street Hospital for Children. In dem Gebäudekomplex gibt's einen Hof mit einer zehnstöckigen Installation aus Röhren, die beruhigende Wiegenlieder erzeugen. Die Klänge kannst du am unteren Ende der Röhren hören oder indem du eine spezielle Krankenhaus-Radiofrequenz einstellst. Die Architekten beschlossen, die hässlichen Rohre an dem Gebäude zu verschönern und schufen dieses fantasievolle Werk für die Kinder im Krankenhaus.

Suche: BOW BELLS

HOFFNUNGSSYMBOL

Der Klang der Bow Bells bedeutete den Londonern dermaßen viel, dass der BBC World Service den Glockenklang aufzeichnete und im Radio übertrug, als Zeichen der Hoffnung im Zweiten Weltkrieg.

OHREN AUF, LONDONER

BOW BELLS

Es heißt, dass man nur ein Cockney (eine echter Londoner) ist, wenn man in einer Gegend geboren ist, in der man das Läuten der Bow Bells, der Glocken der Kirche St. Mary-le-Bow in Cheapside, East London, hört. Die Glocken schlagen alle 15 Minuten. Aber durch den Verkehrslärm und den Krach der Flugzeuge sind sie heutzutage kaum noch zu hören, und eine Entbindungsstation gibt's in der Gegend auch nicht. Glücklicherweise können betroffene Cockneys aber eine Aufnahme des Glockengeläuts herunterladen und abspielen, wenn ein Baby geboren wird.

REKORDVERDÄCHTIGE ROCKER

THE VALLEY (CHARLTON ATHLETIC FOOTBALL STADIUM)

Rockbands sind das Lauteste, was London zu bieten hat. Sie haben sogar schon Weltrekorde gebrochen. 1972 waren Deep Purple bei ihrem Auftritt im Londoner Rainbow Theatre mit 117 Dezibel die lauteste Band der Welt (3 Konzertbesucher wurden ohnmächtig). 1976 brachen The Who diesen Rekord (und beschädigten wahrscheinlich das eine oder andere Trommelfell). Bei ihrem Auftritt im The Valley, dem Charlton Athletic's Football Stadium, wurden 126 Dezibel registriert. Die offizielle „Schmerzgrenze“ liegt bei 120 Dezibel – die Musik muss also wirklich weh getan haben! Die Menschen werden wohl immer toleranter (oder vielleicht auch nur tauber).

ST. PAUL'S CATHEDRAL

THE VALLEY FOOTBALL GROUND

KLEINE JUNGEN MIT GROSSEN STIMMEN

ST. PAUL'S CATHEDRAL

Seit mehr als 900 Jahren singen Knaben im weltberühmten Chor der St. Paul's Cathedral. Die jungen Chormitglieder besuchen das Internat der St. Paul's Cathedral School. Sie üben jeden Tag vor dem Unterricht und singen fast täglich in Gottesdiensten. Auch zu besonderen Anlässen wie dem Lord Mayor's Banquet sind sie zu hören. Jeder Junge mit einer schönen Stimme, der in den Chor aufgenommen werden möchte, kann sein Glück versuchen und vorsingen. Mädchen können Mitglied des Chors der Southwark Cathedral werden.

GRUSELTOUR

Diese Tour führt dich an gespenstische, gruselige und absolut furchterregende Orte. Du musst tapfer und mutig sein. Vor allem darfst du dich nicht umschauen, wenn du Schritte hinter dir hörst!

HIGHGATE CEMETERY

GESPENSTISCHER ORT

HIGHGATE CEMETERY

Anfang des 19. Jahrhunderts waren die Friedhöfe in London überfüllt. Die Leichen wurden nicht allzu tief übereinander gestapelt. Der Gestank war manchmal unerträglich und Krankheiten breiteten sich von diesen furchtbaren Orten aus. Also beschloss das Parlament, neue Friedhöfe anzulegen, so auch den in Highgate. Es ist ein friedlicher Ort mit vielen sehr schönen Grabstätten. Es soll aber auch einer der Orte in London sein, an denen es am meisten spukt. Das liegt vielleicht daran, dass es hier so gruselig wie in einem düsteren Halloween-Film aussieht!

SCHLUSS MIT GASSI GEHEN

HYDE PARK PET CEMETERY

Der winzige Friedhof ist die letzte Ruhestätte für rund 300 Haustiere, die hier vor mehr als 100 Jahren begraben wurden. Das erste hier beigesetzte Tier war ein Hund namens Cherry. Schon bald kamen immer mehr Schoßtiere dazu. Einige hatten wirklich süße Namen wie Flossie, Lulu, Topper und Tiddles, andere eher ungewöhnliche wie Scum, Smut, Drag, Bogey Church und Lord Quex. Wenn du im Dunkeln auf einen Geist triffst, wird es wahrscheinlich reichen, wenn du „Sitz!“ sagst.

HYDE PARK PET CEMETERY

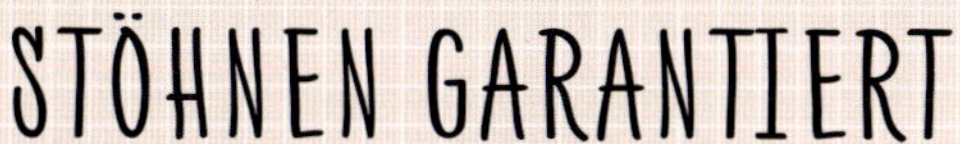

THE HUNTERIAN MUSEUM, LINCOLN'S INN FIELDS

Das Chirurgie-Museum zeigt eine Vielfalt konservierter Organe, missgestalteter Schädel und sonderbar aussehender Körperteile, die von Chirurgen über die Jahre gesammelt wurden. Vor der Renovierung (bis Anfang 2023) waren unter anderem das Skelett eines 2,3 Meter großen Mannes, eine Halskette aus menschlichen Zähnen und eine Sammlung echt grusliger OP-Instrumente die eher düsteren Highlights.

THE HUNTERIAN MUSEUM

GRIMMIGE GEISTER

THE CLINK PRISON, SOUTHWARK

Noch heute denken Briten bei dem Wort Gefängnis an „The Clink“ – eins der düstersten Gefängnisse überhaupt. Unglückliche Häftlinge saßen schon um 1200 in diesem schrecklichen Knast, weil sie gemordet oder auch nur ein paar Pfund Schulden hatten. Du glaubst, schlimmer als hier eingesperrt und in Ketten gelegt zu sein, geht nicht? Du hast die Foltergeräte noch nicht gesehen! Das Gefängnis ist jetzt ein Museum, in dem es nachts kräftig spuken soll. Das hält einige Verrückte aber nicht davon ab, hier Pyjama-Partys zu feiern!

AUTSCH!

OLD OPERATING THEATRE, ST. THOMAS STREET

Wer auf diesem Holztisch landete, war wirklich arm dran, vor allem dann, wenn jemand mit einer Säge ankam. Angehende Ärzte kamen in Massen in diesen 150 Jahre alten Operationssaal, um zu lernen, wie man unglücklichen Patienten Körperglieder abtrennt. Der OP-Saal wurde 1862 geschlossen und geriet in Vergessenheit. Wiederentdeckt wurde er erst, als jemand anfing, das Dachgeschoss des St. Thomas' Hospital genauer zu untersuchen.

KRÄUTER UNTERM DACH

DAS ST. THOMAS' HOSPITAL WURDE WOHL VOR FAST 1000 JAHREN GEGRÜNDET. ANFANG DES 17. JAHRHUNDERTS WURDE OBEN UNTER DEM DACH EIN ZIMMER EINGERICHTET, IN DEM APOTHEKER ARZNEIMITTEL HERSTELLTEN. DIESER RAUM IST HEUTE FÜRS PUBLIKUM GEÖFFNET. EINIGE DER „HEILMITTEL" WERDEN IN DEN ALTEN KRANKENHAUSAUFZEICHNUNGEN BESCHRIEBEN. WENN DU 1603 KRANK GEWORDEN WÄRST, HÄTTE MAN DIR VIELLEICHT EIN BAD AUS KRÄUTERN UND SCHAFSKÖPFEN ODER EINE SALBE AUS KRÄUTERN, GÄNSESCHMALZ, HONIG UND MIST VERSCHRIEBEN.

METZELSTUBE

Eines Tages wurde eine Station für kranke Frauen eingerichtet, in der es wirklich grauenhaft zuging – operiert wurde vor den Augen anderer armer Patientinnen! 1822 wurde der Operationssaal dann glücklicherweise in einen kleinen Raum verlegt, den du heute noch besichtigen kannst. Hier sind unter anderem konservierte Körperteile und gruslig aussehende chirurgische Werkzeuge wie eine „Mandel-Guillotine", Augenskalpelle und Amputationssägen zu sehen. An den Wänden gibt's sogar hilfreiche Amputationsdiagramme.

AB DAMIT!

Operationen wurden ohne Narkose durchgeführt, es wurde nur starker Alkohol verabreicht, um den Schmerz zu lindern. Chirurgen mussten schnell sein, die besten schafften es, ein Körperglied in nur einer Minute abzutrennen. Da dabei viel Blut floss, stand unter dem OP-Tisch eine Kiste mit Sägemehl, die dahin geschoben wurde, wo das Blut runtertropfte. Chirurgen trugen damals Perücke und Gehrock.

SCHLEIMIGE SAUGER

Hier sind auch Behälter für Blutegel ausgestellt, schleimige schwarze Tierchen, die auf eine blutige Mahlzeit hoffen. Früher glaubte man, dass Aderlass (Blutentnahme) viele Krankheiten heilen würde. Also wurden Blutegel – die auch heute noch in der Medizin eingesetzt werden – auf die Haut der Kranken gesetzt. Doch waren sie oft nicht sauber oder wurden nicht richtig aufgelegt, sodass sie eine Krankheit häufig verschlimmerten statt sie zu heilen.

VORSICHT KÖPFE

LONDON BRIDGE

Der schöne Blick an der London Bridge auf die Themse wurde früher von dem makabren Aussehen des südlichen Torhauses der Brücke verschandelt. Denn hier wurden – für jedermann sichtbar – die Köpfe von Verrätern aufgespießt. Du glaubst, dass die Köpfe da draußen nicht lange hielten? Da täuschst du dich. Sie wurden nämlich zuvor gekocht und dann in Teer getaucht, so hielten sie besser. Guy Fawkes, der an dem Plan, das Parlament in die Luft zu jagen, beteiligt war, ist nur einer der Verräter, die 1606 auf diese Art und Weise „ausgestellt" wurden.

MONSTERBEDARF

HOXTON STREET MONSTER SUPPLIES

Du bist ein Zombie, ein Werwolf oder ein Vampir und weißt nicht, wo du dich mit den nötigen Utensilien eindecken kannst? Hier kommt die Antwort! Hoxton Street Monster Supplies hat alles, was Untote so Tag für Tag brauchen. In den Regalen stehen Dosen mit Angst und Panik, Gläser mit Nasenschleim, Hirnmarmelade und aus Tränen gewonnenes Salz. Die Verkaufserlöse gehen an eine Wohltätigkeitsorganisation, die kreatives Schreiben von Kindern fördert.

GRAUSIGE WARNUNG

EXECUTION DOCK, WAPPING

Mehr als 400 Jahre lang wurden am Execution Dock in Wapping Piraten hingerichtet. Sie wurden bei Ebbe aufgehängt, dann ein oder zwei Tage vom Flusswasser umspült und schließlich in ein nicht gekennzeichnetes Grab geworfen. Die berüchtigtsten Übeltäter wurden nach ihrem Tod geteert, in Ketten gelegt und in Eisenkäfigen aufgehängt, damit die Bürger zusehen konnten, wie sie langsam vermoderten. Es war eine grausige Mahnung an alle, sich zu benehmen. Der berüchtigte Pirat Captain Kidd wurde hier gehängt, aber im nahen Tilbury in einem Käfig aufgehängt – so konnte er von jedem vorbeifahrenden Schiff gesehen werden.

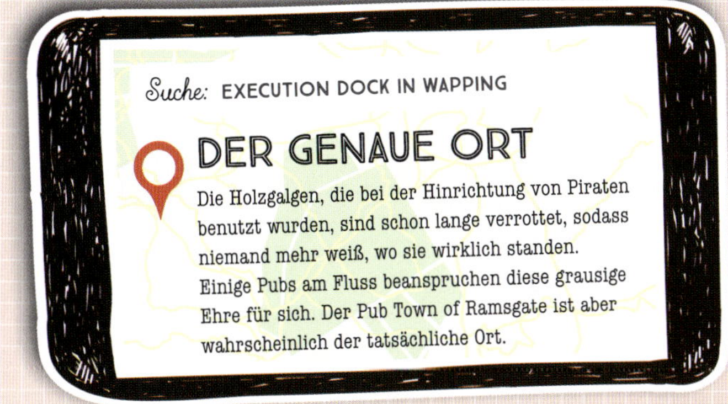

SHADWELL

VERGRABENE LEICHEN

ST. PAUL'S CHURCH, SHADWELL

Im Laufe der Geschichte wurde London immer wieder von tödlichen Epidemien getroffen, so auch von der entsetzlichen Pest, die von Ratten übertragen wird. Sie brach im Mittelalter wiederholt aus und dann noch einmal 1664, als rund 70 000 Menschen daran starben. Da man nicht wusste, wohin mit all den Leichen, wurden riesige Pestgruben ausgehoben. Die Pestgruben sind über ganz London verteilt und kommen oft bei Baustellen zum Vorschein. Es wird vermutet, dass es in Shadwell, wo sich die Krankheit schnell in den Slums ausbreitete, mindestens fünf Pestgruben gab.

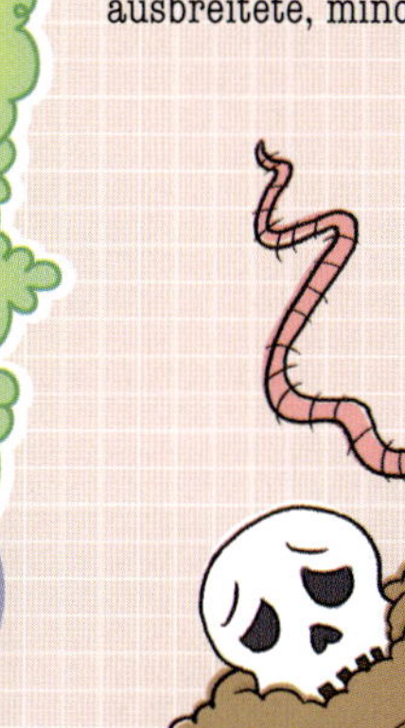

WAPPING

NEUGIER ERWÜNSCHT

Hast Du Lust herauszufinden, was es in Londoner Häusern Spannendes gibt? Hoffentlich stört uns niemand dabei, wenn wir jetzt ein paar Blicke in Wohnungen werfen, um etwas mehr über den Alltag in London zu erfahren.

TIEF EINATMEN

SHEPHERD'S BUSH

Luft anhalten! Mit einer Breite von nur 1,6 m ist das Londons schmalstes Haus. Wenn man sich auf den Fußboden legt, berühren Kopf und Beine die Seitenwände. Stell dir vor, dieses eigenartige Domizil hat einen Preis von 995 000 £! Irgendwie hat man es sogar geschafft, sieben Zimmer darin unterzubringen.

TÜR INS NICHTS

23–24 LEINSTER TERRACE, BAYSWATER

Zwei nette Reihenhäuser in der Nähe von Paddington sind stets für eine Überraschung gut. Sie sind nur Attrappen! Wenn du hintenrum läufst und über die Mauer guckst, wirst du sehen, dass die Vorderseiten der Häuser nur flache Fassaden sind, hinter denen sich ein geheimer Eingang zur London Underground verbirgt. Die Häuser wurden für den Bau der Bahngleise abgerissen und nie wieder aufgebaut. In den 1930er-Jahren verkaufte ein geschäftstüchtiger Witzbold teure Eintrittskarten für einen Ball in Leinster Gardens. Als die Gäste in Ballkleidern erschienen und an die Tür klopften, mussten sie feststellen, dass sie ins Nichts führt.

BAYSWATER

MEGA-TEURE WOHNUNG

HYDE PARK

2014 befand sich Londons teuerstes Penthouse-Apartment in 1 Hyde Park. Es wurde für sage und schreibe 140 Mio. £ verkauft. Das sind ungefähr 5500 £ für eine Fläche so groß wie ein Tablet-Computer. Für den Preis, der heute übrigens bei 250 Mio. £ liegt, erreicht man über einen geheimen Gang außerdem noch das Restaurant im Mandarin Oriental Hotel, eins der luxuriösesten Restaurants Londons.

HYDE PARK

LEBTE ODER STARB ER HIER?

BAKER STREET

Der weltberühmte Detektiv Sherlock Holmes lebte in der Baker Street 221b. In den Zimmern befindet sich sein viktorianisches Hab und Gut. Du kannst dort seinen Hut, seine Pfeifen, seine Geige und alles, was er für die Lösung seiner Rätsel benötigte, bewundern. Aber gemach, gemach! Sherlock Holmes gab es doch gar nicht! Er ist eine von Sir Arthur Conan Doyle für seine Bücher ausgedachte Romanfigur. Wie kann es also sein, dass draußen an der Häuserwand ein Schild mit der Aufschrift „Sherlock Holmes lived here" hängt? Des Rätsels Lösung: Das Museum stellt Romaninhalte nach.

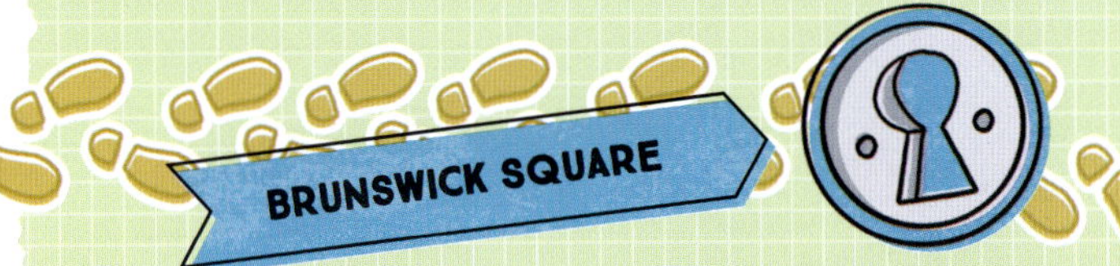

HERZZERREISSEND

FOUNDLING MUSEUM, BRUNSWICK SQUARE

Im 18. Jahrhundert brachten sehr arme Mütter ihre Babys hierher, damit man sich um sie kümmerte und sie adoptiert werden konnten. Jede Mutter ließ einen Stofffetzen zurück, für den Fall, dass sie jemals in der Lage sein würde, ihr Kind zurückzuholen. Dann konnte sie ihren Fetzen mit dem bei dem Kind vergleichen und beweisen, dass sie die Mutter ist. Die Babys wurden großgezogen und unterrichtet. Mit zehn Jahren mussten sie dann arbeiten gehen.

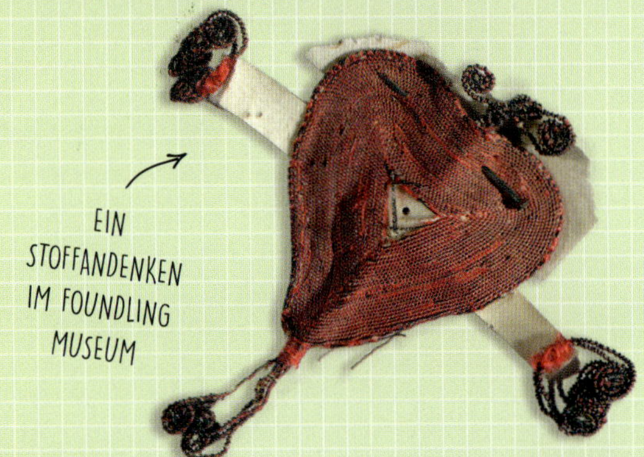

EIN STOFFANDENKEN IM FOUNDLING MUSEUM

HIER SCHRIEB DICKENS

DOUGHTY STREET

Charles Dickens ist einer der größten Schriftsteller Londons. Hier in der Doughty Street hat er *Oliver Twist* geschrieben, eine seiner bekanntesten Geschichten. In seinem viktorianischen Haus kannst du dir seinen Stuhl, seinen Schreibtisch und sogar sein Schlafzimmer anschauen. Dickens konnte nur sehr schlecht schlafen und verbrachte die Nächte oft auf der Straße, lief herum und ließ sich inspirieren.

BERÜHMTE ROMANE VON CHARLES DICKENS:

- GROSSE ERWARTUNGEN
- OLIVER TWIST
- NICHOLAS NICKLEBY
- UNSER GEMEINSAMER FREUND
- DAVID COPPERFIELD
- KLEIN DORRIT
- EINE WEIHNACHTSGESCHICHTE

DOUGHTY STREET

EIN HAUS AUS ALTEN ZEITEN

SPITALFIELDS

Dennis Severs' House in der Folgate Street ist fast 300 Jahre alt. Zehn Zimmer sind jetzt ein Museum, in dem man nachempfinden kann, wie die Londoner im 18. und 19. Jahrhundert gelebt haben. Jedes Zimmer wurde von dem Künstler Dennis Severs so eingerichtet, als ob die in dem Haus wohnende Familie gerade nicht zu sehen ist. Die Betten sind nicht gemacht, die Essensteller sind halbvoll, es sind Schritte und Geflüster zu hören.

SPITALFIELDS

EIN ORT FÜR ARME

RAGGED SCHOOL MUSEUM, TOWER HAMLETS

Jahrhundertelang lebten viele Londoner in großer Armut. Statt die Schule zu besuchen, mussten Kinder armer Eltern arbeiten gehen. In viktorianischen Zeiten bekamen ein paar Kids aber die Chance, in Ragged Schools zu lernen. Diese Schulen heißen so, weil die Schüler in Lumpen (rags) gekleidet waren. Eine alte Ragged School in Hackney ist jetzt ein Museum. Da die Schüler in überfüllten Elendsvierteln lebten, war der Schulbesuch für sie eine willkommene Abwechslung, obwohl die Lehrer sehr streng waren. Sie setzten den Schülern manchmal Spotthüte auf und schlugen sie, wenn sie sich Ungehorsam (disobedience) geleistet hatten.

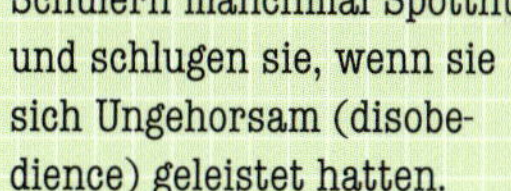

TIERISCHES

In London leben viele überraschende Monster und riesige Tiere. Auf dieser Tour wirst du herausfinden, wo sich Drachen, Dinosaurier, Meeresungeheuer, Löwen und ... ääh ... ein Yale verstecken.

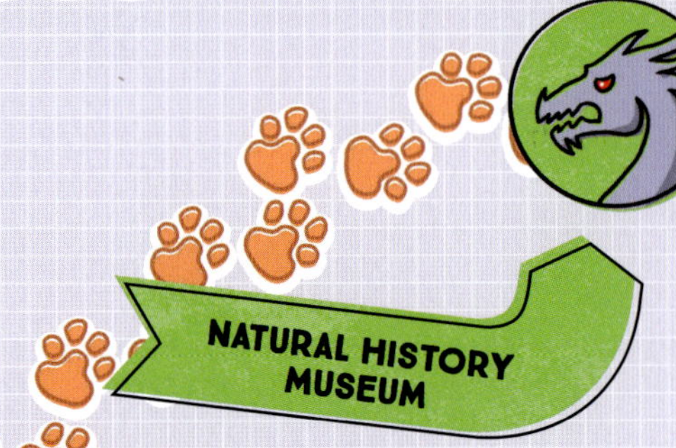

TIERBRÜCKE

HAMPTON COURT PALACE

Auf einer Brücke über den Festungsgraben des Hampton Court Palace befinden sich viele Monster. Tiere waren jahrtausendelang ein Symbol für Adelsfamilien, und die zehn schönen Tiere auf der Brücke stellen die familiären Beziehungen des Königs Heinrich VIII. und seiner dritten Frau, Jane Seymour, dar. Zu sehen sind drei Löwen, zwei Drachen, ein Bulle, ein Windhund, ein Panther, ein Einhorn und ein Yale – ein eigenartiges mittelalterliches Monster mit dem Körper einer Antilope, dem Schwanz eines Elefanten und dem Maul eines Ebers.

DINO-GEBRÜLL

NATURAL HISTORY MUSEUM

Dinosaurier, diese ursprünglich mega-gefährlichen Monster, stampften vor Millionen von Jahren über den Globus – und liegen in London auch heute noch auf der Lauer. In der weltberühmten Dinosaurier-Galerie im Natural History Museum stehen rekonstruierte Skelette von einigen dieser Furcht erregenden Kreaturen und lebensgroße, elektronisch beseelte Dinos, die dich beim Vorbeigehen anfauchen. Ganz besonders gruselig ist der sich bewegende T-Rex, der in einem Sumpfloch hockt, vorbeigehende Besucher wahrnimmt und seine 15 cm langen Zähne zeigt, als wolle er seine Beute verschlingen!

GRUSELIGE SKULPTUR

MARBLE ARCH

Moderne Skulpturen tauchen immer wieder urplötzlich in der Gegend um Westminster aus dem Nichts auf. 2015 entstand beim Marble Arch eine der furchterregendsten Kreaturen, die die Stadt je gesehen hat! *She Guardian* von Daši Namdakov ist eine 11 m hohe Kreuzung aus einer Katze, einem Drachen und einem Monster aus den allerschlimmsten Albträumen. Das Werk soll eine Mutter darstellen, die ihr Junges schützt. Wenn man es sich recht überlegt: Mütter können ganz schön grimmig sein …

TANZENDE DRACHEN

CHINATOWN

Chinatown ist das Zentrum der chinesischen Gemeinde in London. Anlässlich des chinesischen Neujahrsfests ziehen Drachen und Löwen tanzend durch die Straßen. Chinesische Drachen sind anders als die Angst einjagenden, feuerspeienden europäischen Drachen. Sie haben ein Hirschgeweih, Fischschuppen und Tigerpranken, außerdem sollen sie Glück bringen. Je länger der Drache, umso mehr Glück bringt er.

Suche: NATURAL HISTORY MUSEUM

DINOSAURIER-TRÄUME

Dino-Fans können im Natural History Museum eine Pyjama-Party buchen und mit einer Taschenlampe in der Hand an einer Tour durch die Dinosaurier-Galerie teilnehmen. Hoffentlich gibt's danach keine Albträume!

NELSON'S WÄCHTER

TRAFALGAR SQUARE

Vier berühmte Löwenstatuen sind die absoluten Favoriten bei Touristen, die ein typisches London-Foto am Trafalgar Square machen wollen. Die großen Katzen bewachen Nelson's Column, eine Säule, die zu Ehren des britischen Seehelden Admiral Lord Nelson errichtet wurde.

FALSCHE LÖWEN

Nelson's Column wurde schon 1843 aufgestellt, die Bronzelöwen kamen aber erst 25 Jahre später dazu. Die ersten vier Löwen waren aus Stein, was aber als nicht prachtvoll genug erachtet wurde. Sie wurden von einem Fabrikbesitzer namens Titus Salt gekauft und „leben" jetzt in der von ihm gegründeten Ortschaft Saltaire in Yorkshire.

FALSCHE PRANKEN

Der Künstler Sir Edwin Landseer wurde im 19. Jahrhundert beauftragt, prächtigere Löwen zu entwerfen, brauchte dafür aber neun Jahre. Er ging in den Londoner Zoo, um dort die Löwen zu beobachten und fragte, ob er nicht ein totes Exemplar bekommen und mit in sein Studio nehmen könne. Es dauerte Jahre bis endlich ein Löwe starb, den er letztlich dann auch bekam. Nun begann er, Modelle herzustellen. Aber der Körper begann zu verwesen, bevor er seine Arbeit beendet hatte. Also musste er die letzten Details improvisieren und so bekamen die Löwen Tatzen von Hauskatzen.

RECYCLING

DIE BRONZE, DIE FÜR DIE HERSTELLUNG DER LÖWEN BENUTZT WURDE, STAMMT VON KANONENROHREN, DIE IN DER SCHLACHT VON TRAFALGAR – NELSONS GRÖSSTEM SIEG – VON DEN FEINDLICHEN SCHIFFEN ERBEUTET WURDEN. IN DIESER SEESCHLACHT SCHLUG NELSON NAPOLEON, DOCH MUSSTE ER DEN SIEG MIT SEINEM LEBEN BEZAHLEN: ER WURDE AN DECK SEINES SCHIFFES VON EINER KUGEL GETROFFEN. SEINE STATUE STEHT OBEN AUF DER SÄULE, IHR FEHLEN ABER EIN AUGE UND EIN ARM – ER VERLOR SIE IN SEINEN KÄMPFEN.

WER IST WER?

Die Löwen „liegen" - das wäre die korrekte Bezeichnung für ihre sitzende Haltung. Sie sind aber nicht alle gleich. Obwohl sie die gleiche Pose eingenommen haben, sind ihre Gesichter und Mähnen doch leicht unterschiedlich.

HÖHE 3,4 M

LÄNGE 6,1 M

Jeder Löwe besteht aus 27 verschiedenen mit Nieten verbundenen Teilen

27

SIE LEBEN!

2015 versteckten sich Sprecher als Teil eines Werbegags hinter den Löwen und erweckten bei den Passanten den Eindruck, dass die Löwen laut brüllen würden und lebendig seien.

SELTSAMES WALROSS

ST. PANCRAS

Archäologen waren recht verwirrt, als auf einer Baustelle in St. Pancras ein Sarg mit den Knochen eines Pazifischen Walrosses entdeckt wurde. Die Überreste des seltsamen Walrosses kamen ans Tageslicht, als ein Kirchhof für den Eurostar-Endbahnhof ausgebaggert wurde. Noch merkwürdiger ist aber, dass auch Teile einer Schildkröte gefunden wurden. Nun vermuten Experten, auf ein grausiges Geheimnis gestoßen zu sein. Man glaubt, dass diese Kreaturen im 19. Jahrhundert für medizinische Forschungszwecke herhalten mussten, denn sie wurden zusammen mit etlichen zerkleinerten Menschenknochen gefunden.

STADT DER DRACHEN

CITY OF LONDON

Das Symbol der City of London ist der Drache – deshalb findest du in der Hauptstadt auch derart viele dieser magischen Tiere! Die Stadtgrenzen werden bewacht von silbernen, auf Sockeln stehenden Drachen mit hoch geschweiften Flügeln, spitz herausgestreckten Zungen und Schilden und Schwertern in den Pranken. Die ersten Grenzdrachen wurden am Victoria Embankment aufgestellt – dort stehen zwei 2,1 m hohe Drachen auf ihren Hinterbeinen und haben das Stadtwappen in der Klaue.

AM RATSGEBÄUDE VON SO ZIEMLICH JEDEM LONDON BOROUGH (OFFIZIELLER BEZIRK) GIBT'S TIERE! JEDER BEZIRK HAT SEIN EIGENES WAPPENTIER, DARUNTER FABELTIERE, LÖWEN, GREIFE, DRACHEN, HIRSCHE, EBER UND BULLEN.

VORSICHT! MEERESUNGEHEUER!

NATIONAL MARITIME MUSEUM, GREENWICH

Wenn du dir eine Seekarte anschaust, die vor dem Beginn des 19. Jahrhunderts erstellt wurde, magst du den Eindruck gewinnen, die Meere seien voller Furcht erregender Monster. Im National Maritime Museum in Greenwich befinden sich viele Karten mit übergroßen Kraken, Seeschlangen, Meerjungfrauen und einem gigantischen Fisch mit wolfsähnlichen Reißzähnen.

ENTHÜLLUNGEN

Werde ein Spion und entdecke auf Zehenspitzen einige versteckte Überraschungen und streng geheime Orte.

TOP SECRET

PADDINGTON BASIN

SCHAU NUR!

THE ROLLING BRIDGE, PADDINGTON BASIN

An den meisten Tagen sieht diese Brücke ganz normal aus. Genauer gesagt handelt es sich um eine 12 m lange Fußgängerbrücke aus Stahl und Holz. Aber jeden Freitag um 12 Uhr enthüllt sie ihr verrücktes Geheimnis! Durch Hydraulikkolben angetrieben wird sie zu einem Achteck aufgerollt, sodass Boote passieren können. Der britische Designer Thomas Heatherwick hatte diese Idee, die 2004 verwirklicht wurde.

CHENIES STREET

SONDERBARE KRIEGSRESTE

EISENHOWER'S AIR-RAID SHELTER, CHENIES STREET

Eine rot-weiß gestreifte Pillenschachtel in der Chenies Street unweit der Goodge Street Station soll der Ort sein, an dem ein wichtiges Geheimtreffen stattgefunden hat. Es ist der Eingang zu einem darunterliegenden Luftschutzbunker aus dem Zweiten Weltkrieg, der früher mit Stockbetten, Küchen und medizinischen Gerätschaften ausstaffiert war. Hier trafen sich 1944 heimlich der US-amerikanische Top-General Dwight D. Eisenhower und andere bedeutende Führer, um den D-Day zu planen – die Landung der alliierten Streitkräfte in Europa.

SPIONAGEZENTRALE

THAMES HOUSE UND VAUXHALL CROSS

MI5 ist der britische Spionageabwehrdienst, er beschützt das Land vor Terror und Spionage. MI6 kümmert sich um aus dem Ausland drohende Gefahren und wird wohl für alle Zeiten mit dem Geheimagenten James Bond in Verbindung gebracht werden. Die von dem Architekten Terry Farrell entworfene MI5-Zentrale befindet sich im Thames House, die MI6-Zentrale am Vauxhall Cross schaut neugierig von der anderen Seite der Themse herüber.

DAS MI6 GEBÄUDE FLOG IN DEM JAMES-BOND-FILM SKYFALL IN DIE LUFT.

ST. PANCRAS OLD CHURCH

TELEFONZELLEN WIE GRABSTÄTTEN

ST. PANCRAS OLD CHURCH

Hinter den kultigen Londoner Telefonzellen verbirgt sich ein überraschendes Geheimnis. Sir Giles Gilbert Scott, der 1924 die ersten Zellen entwarf, orientierte sich an dem Mausoleum (Grab) des Architekten Sir John Soane und seiner Familie auf einem Friedhof in St. Pancras. Scott benutzte die Grabform als Modell für seine Telefonzellen aus Eisen, die dann rot angestrichen wurden, damit man sie besser finden konnte.

ADMIRALTY ARCH

GEHEIMNISVOLLE NASE

ADMIRALTY ARCH

1997 fertigte der Künstler Rick Buckley Gipsabdrücke seiner eigenen Nase und benutzte sie für Kunstinstallationen an Londoner Gebäuden. Ursprünglich gab es etwa 35 Nasen, von denen aber nur noch neun übrig sind, so auch die am Admiralty Arch. An einer Wand in der Floral Street in Covent Garden gibt's auch ein Ohr, das stammt aber von dem Künstler Tim Fishlock.

Suche: GEHEIMBÜNDE

WER KÖNNTE ES WISSEN?

Es heißt, dass der Künstler Rick Buckley die *London Noses* als Antwort auf die überall in der Stadt installierten Überwachungskameras geschaffen hat, aber ganz sicher weiß das niemand.

GAR NICHT SO GEHEIM

FREEMASONS' HALL, HOLBORN,

(UND ANDERE ORTE, VON DENEN MAN ABER NICHTS WEISS)

London war schon immer eine Brutstätte für Geheimbünde. Die Freimaurer sind wahrscheinlich die berühmtesten, sie haben aber nichts Geheimes mehr an sich und Besucher sind im Hauptgebäude in Holborn gern gesehen. Ein sehr viel alberneres Beispiel aus damaliger Zeit ist der Calves' Head Club, der sich über den enthaupteten König Karl I. lustig machte. Die Mitglieder trafen sich am 30. Januar eines jeden Jahres in unterschiedlichen Häusern, um den Jahrestag der Hinrichtung des Königs zu feiern und einen gebratenen Kalbskopf zu verzehren – ein makabrer Witz. Sie mussten sich 1734 auflösen, als der aufgebrachte Mob dem gar nicht mehr so geheimen Unfug ein Ende setzte.

DAS FRÜHERE GEHEIME SYMBOL DER FREIMAURER!

HOLBORN

VERSTECKTE ALIENS

CENTRAL STREET UND ANDERE ORTE

Der mysteriöse französische Straßenkünstler „Invader“ hat in ganz London Dutzende Fliesenmosaike mit Motiven von Außerirdischen versteckt. Die Aliens, deren Aussehen an das „Space-Invaders“-Videospiel angelehnt sind, wurden in der Central Street, im Old Brewer's Yard und an anderen Stellen in Central, Southwest und East London gesichtet. Der gleiche Künstler flieste auch eine Seite eines Gebäudes in Shoreditch – zu sehen ist darauf ein Kampf zwischen Darth Vader und Luke Skywalker. Außerdem hat er rund um den Globus noch in 78 anderen Städten seine „Invader“-Kunst hinterlassen.

CENTRAL STREET

HIER FLOSS BLUT

ROMAN AMPHITHEATRE, GUILDHALL

Jahrhundertelang kannte niemand das blutige Geheimnis, das unter Londons Guildhall schlummerte. Als 1988 einige Ruinen freigelegt wurden, stellte sich heraus, dass die alten Mauern 2000 Jahre alt sind und Teil eines römischen Amphitheaters waren. Vor den Augen von Tausenden johlender Zuschauer kämpften Gladiatoren darin um Leben und Tod, es fanden auch Kämpfe zwischen Mensch und Tier statt. Heute kannst du dir die Überreste der alten Gladiatoren-Kampfstätte anschauen. In einer Ausstellung erfährst du, wie es hier damals aussah und wie sich die Geräusche anhörten.

GUILDHALL

DIE SHOW BEGINNT!

In London ist immer etwas los. Schwerpunkte dieser Tour sind Theaterstücke, Kinofilme, eine Blumen-Show, ein Mega-Karneval und ein paar Straßenkünstler. Oh, eine Geisterhand und ein schwebender Kopf warten auch noch auf dich!

CHELSEA

BLÜTENPRACHT

CHELSEA FLOWER SHOW, ROYAL HOSPITAL

In jedem Frühjahr sprießen Tausende Blumen auf dem Gelände des Royal Hospital in Chelsea. Herzlich willkommen bei der Olympiade der Gärtner. Mit immer tolleren Gestaltungseinfällen und einer immer fantastischeren Blütenpracht kämpfen hier Gartendesigner und Pflanzenzüchter um Medaillen. Eine Zeit lang waren Gartenzwerge auf dem Gelände verboten, sodass es Spaß machte, die kleinen Kerle reinzuschmuggeln. Seit 2013 sind sie wieder erlaubt.

2 FUSSBALL-PLÄTZE PASSEN IN DEN GREAT PAVILION – ER IST DAS GRÖSSTE BLUMENZELT

157 000 BESUCHER KOMMEN JEDES JAHR

50 000 TASSEN TEE UND KAFFEE WERDEN GETRUNKEN

PARTY!

NOTTING HILL CARNIVAL

Der Notting Hill Carnival im August ist Londons größte Straßenparty. Sie ist berühmt für den Umzug der Steelbands und die farbenfrohen Kostüme der durch die Straßen tanzenden Mitwirkenden. Über eine Million Karnevalisten feiern ein ganzes langes Wochenende.

NOTTING HILL

ST. MARTIN'S LANE

Über **22 MILLIONEN** Menschen sehen sich in London jedes Jahr eine Show an.

Das bringt jährlich ca. **700 MILLIONEN £** ein. Eine stramme Leistung!

Es gibt etwa **240 THEATERSÄLE** in der Stadt, mit mehr als **110 000 SITZPLÄTZEN**.

GROSSE BÜHNEN

THEATRELAND

UND ANDERE ORTE

Es heißt, dass in London so viele Menschen ins Theater gehen wie nirgendwo sonst auf der Welt. Die größten Produktionen werden im Theatreland inszeniert, das ist der Spitzname für die Gegend im Londoner West End, in der viele Theater angesiedelt sind. Schau dir nur mal die Super-Statistik links an. Vorhang auf!

LETZTE SCHLACHT DES ABENDS

COLISEUM, ST. MARTIN'S LANE

Das größte Theater im West End ist das Coliseum mit 2359 Sitzplätzen. Einer der merkwürdigsten (und witzigsten) Abende fand 1933 hier statt, und die Geschichte ging durch die Presse. Bei der letzten Aufführung des Stücks *Casanova* fingen zwei Schauspieler, die sich ziemlich hassten, an, sich zu prügeln, als sich die Kollegen am Ende vor dem Publikum verbeugten. Jedes Mal wenn der Vorhang fiel, begannen die beiden Männer erneut, aufeinander einzuschlagen. „Der Vorhang ging sieben Mal hoch und runter, und ich musste sie jedes Mal auseinanderbringen", sagte eine der Schauspielerinnen.

THEATRELAND

ST. MARTIN'S THEATRE

MÄUSEMORD

THE MOUSETRAP, ST. MARTIN'S THEATRE, WEST STREET

The Mousetrap (dt. *Die Mausefalle*), das weltweit am längsten ununterbrochen aufgeführte Theaterstück, kam erstmals 1952 auf die Bühne. Bis heute gab es mehr als 27 500 Vorstellungen. Es ist eine Kriminalgeschichte von Agatha Christie. Nach der Aufführung wird das Publikum gebeten, nicht zu verraten, wer der Mörder ist. Und daran halten wir uns natürlich auch!

Suche: SHOW-REKORDE IN WEST END

ÜBER 12 000 AUFFÜHRUNGEN	**Les Misérables** seit dem 8. Oktober 1985
ÜBER 12 000 AUFFÜHRUNGEN	**The Phantom of the Opera** seit dem 9. Oktober 1986
ÜBER 10 000 AUFFÜHRUNGEN	**The Woman in Black** seit dem 15. Januar 1989

THEATRE ROYAL DRURY LANE

GESPENSTISCHSTE BÜHNE

THEATRE ROYAL DRURY LANE, CATHERINE STREET

Das Theatre Royal Drury Lane hat den Ruf als das Theater Londons, in dem es am allermeisten spukt. Einige Geister sollen noch lange nach dem letzten Vorhang dort herumgeistern, z. B. „Der Herr in Grau", der mit Umhang und Perücke vom Anfang des 18. Jahrhunderts im Zuschauerraum sitzt. Und dann ist da der körperlose Kopf des Clowns Joseph Grimaldi, der gelegentlich gesehen wurde, wie er durch eine der Theaterlogen schwebte. Selbst eine „helfende Hand" fehlt nicht, die – so scheint es – die Schauspieler auf der Bühne in bessere Positionen schiebt und ihnen einen freundlichen Klaps auf den Rücken gibt, wenn sie etwas gut gemacht haben.

STRASSENTHEATER

SOUTH BANK

In London gibt es jede Menge tolle Straßenkünstler, aber die in South Bank tun absolut gar nichts. Sie sind lebende Statuen und verdienen ihr Geld damit, dass sie reglos rumstehen und genau damit Passanten beeindrucken, die dann ein paar Cent dafür bezahlen. Das mag nach leicht verdientem Geld klingen, aber stundenlang bewegungslos rumzustehen ist eine echte Herausforderung. Ein Supertipp einer lebenden Londoner Statue gefällig? Bevor es losgeht, sollte man immer etwas essen. Man will ja schließlich nicht umfallen oder seinen Magen knurren hören!

VERSCHIEDENE ORTE

KINO IM POOL

WHIRLPOOL-KINO, VERSCHIEDENE ORTE

London ist Großbritanniens Kinozentrum. Bei bedeutenden Premieren laufen oft Stars über den roten Teppich. Die größten, exklusivsten Kinos liegen in der Gegend um den Leicester Square. Früher gab es mal einen besonders witzigen Trend für Kinofans: Wer mochte, konnte sich einen Film anschauen und dabei im sprudelnden Wasser eines Whirlpools relaxen.

SHAKESPEARES BÜHNE

THE GLOBE, SOUTHWARK

THE GLOBE

William Shakespeare, Großbritanniens berühmtester Schriftsteller, lebte und arbeitete vor rund 400 Jahren in London. Eines der Theater, in dem seine Stücke aufgeführt wurden, war The Globe am Südufer der Themse. Heute steht in der Nähe des Originalschauplatzes eine moderne Rekonstruktion, die nach alten Zeichnungen und Beschreibungen gebaut wurde.

FEUCHTFRÖHLICHE BOOTSFAHRT

Zu Lebzeiten Shakespeares waren Theater in der stickigen Stadt London verboten, sodass die Menschen einen Penny für die Überfahrt nach Southwark bezahlen mussten. Dort war in jener Zeit die Party-Gegend, wo Theaterbesucher sich in Tavernen betranken, auf Hahnenkämpfen Wetten abschlossen oder auf Bären Jagd machten.

KNABEN ALS LADIES

Frauen auf der Bühne – das war damals nicht erlaubt. Also wurden weibliche Rollen von Jungen gespielt. Wenn sie älter wurden und in den Stimmbruch kamen, gab es keine Garantie dafür, dass sie am Theater bleiben konnten.

DIE BILLIGEN PLÄTZE

Die billigsten Plätze im Globe waren die Stehplätze im „Hofraum" vor der Bühne. Die Zuschauer beobachteten das Geschehen, riefen dazwischen und warfen sogar Gegenstände auf die Bühne. Es ist bekannt, dass sie während der Vorstellung Haselnüsse und Orangen aßen und wahrscheinlich auch Bier tranken, und wenn es regnete, wurden sie nass.

STOP!

In der Zeit Shakespeares durften Theaterstücke nur aufgeführt werden, wenn die Schauspieler eine Erlaubnis von den königlichen Beamten besaßen. Waren die der Meinung, das Stück sei zu brisant, gaben sie die Erlaubnis nicht. In den 1640er-Jahren waren Theaterstücke in London ganz verboten, sie seien schändlich und würden einen schlechten Einfluss ausüben, hieß es. Die Theaterhäuser wurden geschlossen, 20 Jahre später aber wieder geöffnet. Dann endlich durften auch Frauen auftreten.

FEUER!

1613 ging das Globe Theatre während einer Vorstellung von Shakespeares *Heinrich VIII.* in Flammen auf. Eine als Requisite benutzte Kanone zündete unvermittelt und setzte das Dach in Brand. Laut Berichten aus damaliger Zeit wurde niemand verletzt, abgesehen jedoch von einem Mann, der seine brennende Kniebundhose mit einer Flasche Bier löschen musste.

JEDE SÄULE AUF DER BÜHNE IST EINE EICHE

ÜBER 1000 BÄUME WURDEN FÜR DEN BAU DES NEUEN GLOBE BENÖTIGT

FINGIERTER KAMPF

ES GAB KEINE GROSSEN DEKORATIONEN, ABER DIE SCHAUSPIELER BENUTZTEN REQUISITEN, SO AUCH ECHTE SCHWERTER, DURCH DIE ES MANCHMAL ZU SCHLIMMEN UNFÄLLEN AUF DER BÜHNE KAM. BEI KÄMPFEN TRUGEN SCHAUSPIELER MIT TIERBLUT GEFÜLLTE SCHAFSBLASEN UNTER DEM KOSTÜM, DIE ZUM PLATZEN GEBRACHT WURDEN. SO ENTSTAND DER EINDRUCK EINER TÖDLICHEN WUNDE.

LONDONER MODE

London ist eines der größten Modezentren der Welt, in der auch einige der weltberühmtesten Monturen und Uniformen beheimatet sind. Finde heraus, wer was trägt ... und wo.

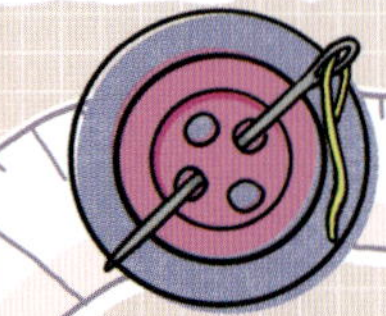

BUCKINGHAM PALACE & ST. JAMES'S PALACE

SAVILE ROW

PASST PERFEKT

SAVILE ROW

Diese Straße in Mayfair ist weltberühmt für maßgeschneiderte (handgefertigte) Herrenanzüge. Das Dinnerjacket (alias Smoking) soll hier erfunden worden sein. So ein Jackett und eine Fliege trägt James Bond, wenn er auf eine Party geht. In der Vergangenheit waren viele Berühmtheiten Kunden in der Savile Row. Horatio Nelson, der Held, der oben auf der Säule am Trafalgar Square steht, trug eine in der Savile Row gefertigte Uniform, als er in der Schlacht von Trafalgar ums Leben kam.

IN ROT GEKLEIDETER PELZKOPF

BUCKINGHAM PALACE & ST. JAMES'S PALACE

Die Garde des Königs steht am Buckingham Palace und am St. James's Palace Wache. Im Sommer trägt sie rote Uniformröcke und Bärenfellhüte, im Winter Soldatenmäntel. Die Uniformen stammen aus einer Zeit, in der die Soldaten zu Fuß in den Kampf zogen. Der hohe Bärenfellhut ließ sie im Kampf wohl größer erscheinen. Und durch die roten Uniformröcke fiel es den Feinden schwerer, die Gegner auf dem Schlachtfeld zu zählen (aus der Ferne betrachtet verschwimmen sie ineinander).

WENN DER KING IM PALAST IST, STEHEN NORMALERWEISE VIER WACHTPOSTEN DAVOR. WENN ER NICHT DA IST, NUR ZWEI.

SOHO AND COVENT GARDEN

GESTYLTE STADT

LONDON FASHION WEEK, SOHO & COVENT GARDEN

Alljährlich in Februar und September präsentieren die besten Modedesigner auf der London Fashion Week schrille neue Mode und topaktuelle Trends. Modenschauen und Mode-Events stehen in dieser Zeit ganz oben auf der Tagesordnung. Wie, du findest Klamotten langweilig? Aber doch nicht hier! Es werden immer ein paar verrückte Outfits gezeigt. Es wurden schon Models mit riesigen Lampenschirmen, grünen Gesichtern und sogar Mäuseohren gesichtet.

CAMDEN TOWN

PUNK-LOCATION

CAMDEN TOWN

London ist berühmt für den Beginn des Punks Ende der 1970er-/Anfang der 1980er-Jahre. Punkbands hatten nicht nur ihren eigenen Musikstil, sie hatten auch ihren eigenen Look. Es machte ihnen Spaß, Leute mit ihrem bunt gefärbten, der Schwerkraft trotzenden Irokesenschnitt und ihren vielen Sicherheitsnadeln an der Kleidung oder ihren Piercings zu schockieren. Noch immer laufen ein paar Punks in Camden Town herum und lassen sich von Touris fotografieren. In puncto Mode stehen sie jetzt aber nicht mehr an vorderster Front – sie tragen vielmehr historische Trachten!

KÖNIGLICHE ROBEN

EDE & RAVENSCROFT, CHANCERY LANE

Die Maßschneider von Ede & Ravenscroft schneidern seit Jahrhunderten die Roben der königlichen Familie. Sie nähten die Robe von Queen Elizabeth II., die sie anlässlich ihrer Krönung 1953 trug. Die Schleppe aus handgewebtem, purpurfarbenem Seidensamt war 6,4 m lang, mit reiner Seide gefüttert, mit echten Goldfäden bestickt und hatte eine Borte aus Hermelinpelz. Sechs Ehrendamen mussten beim Tragen der Schleppe helfen. In ihren Handschuhen war Riechsalz versteckt, für den Fall, dass sie sich während der Zeremonie einer Ohnmacht nahe fühlten!

BANK OF ENGLAND

BUNTE PFÖRTNER

BANK OF ENGLAND

Elegant gekleidete Portiers begrüßen die Gäste der Londoner First-Class-Hotels. Einen Preis für das auffälligste Outfit hätten allerdings die Pförtner am Eingang der Bank of England verdient. Sie tragen pinkfarbene Sportsakkos, rote Westen und Zylinder mit Goldbesatz – man kann sie gar nicht übersehen.

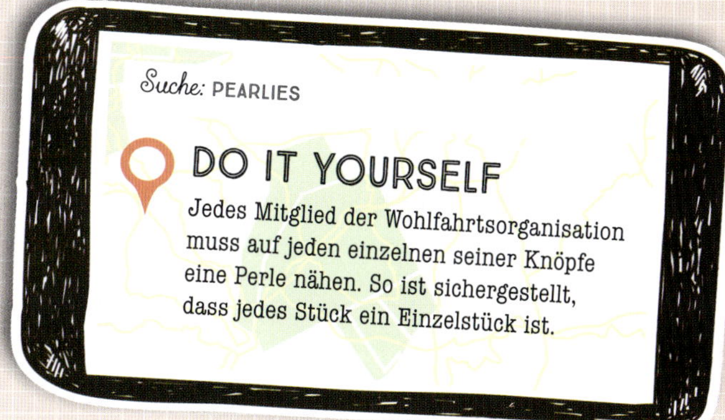

Suche: PEARLIES

DO IT YOURSELF

Jedes Mitglied der Wohlfahrtsorganisation muss auf jeden einzelnen seiner Knöpfe eine Perle nähen. So ist sichergestellt, dass jedes Stück ein Einzelstück ist.

WOHLFAHRTS-ORGANISATION

EAST END

Die Pearlies sind Mitglieder der Londoner Wohlfahrtsorganisation Pearly Kings and Queens. Sie nähen glitzernde Knöpfe auf ihre Kleidung und kreuzen überall in London auf, um Geld für wohltätige Zwecke zu sammeln. Ihre Tradition geht zurück auf Straßenhändler, die Anfang des 19. Jahrhunderts ihre Kleidung besonders schmückten, um auf sich aufmerksam zu machen. Der Straßenkehrer und Rattenfänger Henry Croft setzte dem Ganzen noch eins drauf: Er schmückte seine ganze Kleidung mit Knöpfen und war somit der erste Pearly.

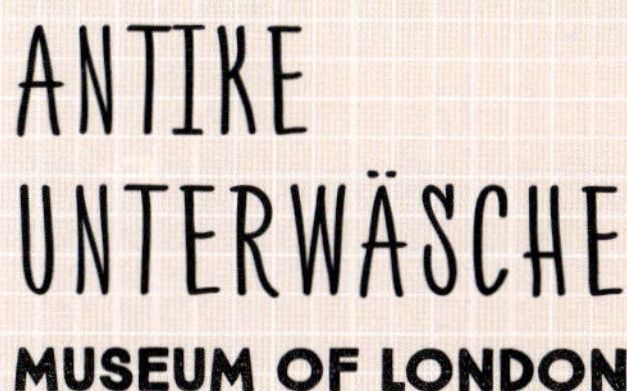

ANTIKE UNTERWÄSCHE

MUSEUM OF LONDON

Bikinis sollen eine moderne Erfindung sein? Von wegen! Bikini-Höschen aus Leder gab es schon zu Zeiten der alten Römer. Man hat sie in einem alten Brunnen in der Queen Street gefunden. Sie sehen aus wie moderne Strandbikinis mit Bändern an den Seiten. Es wird vermutet, dass sie zum Outfit eines akrobatischen Tänzers gehörten. Strandbekleidung wäre ja in London auch nicht wirklich sinnvoll gewesen.

„Alles mein eigenes Werk!"

EINE KÖNIGLICHE TOUR

In Großbritannien gibt's seit über 1000 Jahren Könige und Königinnen, und London ist das glitzernde Zentrum des Königreichs. Stell dir vor, du würdest hier herrschen! Dann würden dir die prächtigsten Paläste Londons gehören. Auf dieser Tour bekommst du einige königliche Insider-Infos – vielleicht sitzt du ja irgendwann einmal auf dem britischen Thron (man kann ja nie wissen)! Hier entlang, Eure Majestät!

HYDE PARK

KÖNIGLICHE SPUKGESCHICHTEN

HAMPTON COURT PALACE

Im Hampton Court Palace soll es mehr als in allen anderen königlichen Residenzen spuken. Die Schreie von Catherine Howard, die von ihrem Ehemann Heinrich VIII. hingerichtet wurde, sollen noch immer durch die Räume hallen. Ein weiterer Geist mit königlichen Beziehungen ist die „Grey Lady". Es soll sich dabei um das Kindermädchen von Elisabeth I. Sybil Penn handeln, die hier am Spinnrad sitzt. Besonders rätselhaft ist der Hamptoner „Skeletor". Diese gruselig verhüllte Leiche wurde 2003 von einer Überwachungskamera aufgenommen, aber wahrscheinlich war es nur ein gefaktes Gespenst!

EIN BRUNNEN FÜR DIANA

DIANA MEMORIAL FOUNTAIN, HYDE PARK

Dieser hübsche Brunnen wurde errichtet zu Ehren von Diana, Princess of Wales, die 1997 bei einem tragischen Verkehrsunfall ums Leben kam. 545 Elemente aus Granit sind wie eine Säge angeordnet. Das Wasser fließt in zwei Richtungen in ein ruhiges Becken. Besucher können über Brücken spazieren oder ihre Zehen kurz ins Wasser halten.

KÖNIGLICH SPEISEN

BUCKINGHAM PALACE BANQUET

Wenn bedeutender Besuch in der Stadt ist, finden im Buckingham Palace königliche Bankette statt. Es dauert drei Tage, bis die riesige Tafel mit Tausenden von Bestecken, Gläsern (jeder Gast bekommt sechs Gläser für die unterschiedlichen Weine) und sorgfältig gefalteten Servietten gedeckt ist. Jeder Gast hat für sein Gedeck 42 cm Platz. Alles wird aufs Genaueste abgemessen. Ein solches Mega-Dinner besteht aus so vielen Gängen, dass es hinter den Kulissen für das Personal eine Art Ampelsystem gibt, um sicherzugehen, dass es keine Zusammenstöße gibt.

DER SCHNELLSTE KÖNIGLICHE ESSER ALLER ZEITEN WAR QUEEN VICTORIA. DIE 7 GÄNGE EINES BANKETTS IN NUR 30 MINUTEN SCHAFFTE. SOBALD SIE FERTIG WAR, WURDEN DIE TELLER ALLER ABGERÄUMT. IHRE GÄSTE GERIETEN IN PANIK UND VERSUCHTEN, MIT DEM GIERIGEN ESSVERHALTEN DER QUEEN MITZUHALTEN.

HIER BEKOMMST DU DEINE KRONE

WESTMINSTER ABBEY

Königlicher geht es kaum. Seit 1066, dem Krönungsjahr von Wilhelm dem Eroberer, werden alle britischen Monarchen in der Westminster Abbey gekrönt. Mehrere königliche Hinterteile saßen in der Abtei schon auf dem Krönungsstuhl. Dieser „Coronation Chair" gehört zum UNESCO Weltkulturerbe. 2011 wurden Prinz William und Kate Middleton hier getraut.

DER STUHL

Der hölzerne „Coronation Chair" wurde 1300 auf Anordnung von Eduard I. angefertigt. Darunter ist ein Fach für den „Stone of Scone" – den heiligen Stein von Schottland, auf dem schottische Könige bei ihrer Krönung saßen. Jetzt ist dieses Fach leer und der „Stone of Scone" befindet sich im Edinburgh Castle, für künftige Krönungen wird er aber zurückgebracht.

FÜR MÖNCHE GEBAUT

Die Abtei wurde vor fast 1000 Jahren auf einer Insel errichtet. Mit den Jahren wurde das Land trocken gelegt und die Insel ist jetzt verschwunden. Jahrhundertelang lebten Mönche in der Abtei, sie haben einen Bauernhof und Gärten. Noch heute gibt es einen ruhigen Kräutergarten, in dem Mönche einst die Pflanzen anbauten, die sie für ihr Essen und zur Herstellung ihrer Medizin benötigten.

FACH FÜR DEN „STONE OF SCONE"

WESTMINSTER ABBEY

KÖNIGLICHE RUHESTÄTTE

Zu den 450 Gräbern und Grabmälern von Westminster Abbey gehören auch die Grabstätten von Monarchen wie Heinrich VIII. und dessen Töchtern Maria I. und Elisabeth I. (rechts). Es ist aber auch die letzte Ruhestätte nicht königlicher Persönlichkeiten wie des Wissenschaftlera Charles Darwin sowie der Schriftsteller Geoffrey Chaucer und Charles Dickens.

GRAFFITI

Später haben die Schüler in Westminster viele Graffitis in den „Coronation Chair" geritzt, z. B. „P. Abbott schlief in der Nacht vom 5. auf den 6. Juni 1800 auf diesem Stuhl".

WEIHNACHTSKRISE

WILHELM DER EROBERER WURDE WEIHNACHTEN 1066 IN DER ABTEI GEKRÖNT – UND DARAN SOLLTE ER SICH NOCH LANGE ERINNERN. AUS FRANKREICH KOMMEND WAR ER IN ENGLAND EINGEFALLEN UND HATTE LONDON GEZWUNGEN, IHN ALS HERRSCHER ZU AKZEPTIEREN. WÄHREND DER ZEREMONIE WURDE DER ENGLISCHE ADEL AUFGEFORDERT, IHN ALS KÖNIG ANZUERKENNEN, WAS AUCH – SO WAR ES TRADITION – LAUTHALS GESCHAH. DIE FRANZÖSISCHEN WACHEN DRAUSSEN KANNTEN DIE TRADITION ABER NICHT. SIE DACHTEN, DASS ES ÄRGER GÄBE UND BEGANNEN, GEBÄUDE IN BRAND ZU SETZEN! DIE ERSCHROCKENEN GÄSTE STÜRZTEN HINAUS UND LIESSEN DEN KÖNIG ALLEIN MIT EIN PAAR PRIESTERN ZURÜCK, DIE DIE ZEREMONIE BEENDETEN.

BESCHÄDIGT, ABER NICHT ZERSTÖRT

Der „Coronation Chair" konnte Anfang des 20. Jahrhunderts gerade so überleben. 1914 versteckten Frauenrechtlerinnen, die für das Wahlrecht von Frauen kämpften, eine kleine Bombe unter dem Stuhl. Als sie explodierte, flog ein Stückchen in die Luft. Als 1950 schottische Studenten den „Stone of Scone" aus dem Stuhlfach klauten, beschädigten sie den Stuhl und ließen den Stein versehentlich fallen. Er zerbrach in zwei Hälften.

SELTENHEITSWERT

KING ALFRED PENNY, BRITISH MUSEUM

Es ist schwer, den Zusatz „der Große“ (The Great) zu seinem Namen zu bekommen, aber dem angelsächsischen König Alfred dem Großen (849–899) gelang es, weil er den südlichen Teil Großbritanniens gegen die Wikinger verteidigt hatte. In den 890er-Jahren hinderte er die dänischen Wikinger mit genialen Schachzügen daran, die Themse hoch zu segeln. Bevor Alfred auftauchte, hatten die dortigen Angelsachsen aber kein leichtes Los. 842 verwüsteten die Wikinger die strohgedeckten Hütten in Lundenwic (Londons damaliger Name) in einer entsetzlichen, „Große Metzelei“ genannten Attacke. Das sagt ja wohl alles!

BRITISH MUSEUM

IM BRITISH MUSEUM GIBT ES EINEN SELTENEN ANGELSÄCHSISCHEN PENNY MIT DEM AUFDRUCK „LONDONIA“ UND DEM ABBILD VON KÖNIG ALFRED.

MASSIVER MUMIENSARG

SIR JOHN SOANE'S MUSEUM, LINCOLN'S INN FIELDS

1824 schaffte es der Sammler Sir John Soane, den Sarkophag (Sarg) des ägyptischen Königs Sethos I. zu kaufen, was drei Tage lang ausgiebig gefeiert wurde. Sethos' Mumie ist in Kairo, seinen Sarg kann man sich aber im Londoner Soane's Museum anschauen. Es ist unglaublich, aber er wurde vor rund 3000 Jahren aus einem massiven Alabasterstück gehauen. Er ist verziert mit Schnitzereien. Sethos war einer der mächtigsten Herrscher im alten Ägypten. Sein Grab ist das größte, das man je in Ägyptens Tal der Könige entdeckt hat.

HINRICHTUNG MIT STIL

CHAPEL ROYAL, TOWER OF LONDON

Es gab einmal eine Zeit, in der Persönlichkeiten, die einen Monarchen verärgert hatten, Gefahr liefen, hier auf dem Tower Green außerhalb der Chapel Royal geköpft zu werden. Er wurde als Fünf-Sterne-Hinrichtungsort angesehen. Die meisten Gefangenen wurden vor einer johlenden Menschenmenge auf dem Tower Hill einen Kopf kürzer gemacht. Der Tower Green, dieser private Ort, war den bedeutendsten adeligen Gefangenen vorbehalten. Drei englische Königinnen wurden hier enthauptet: Anne Boleyn (1536), Catherine Howard (1542) und Lady Jane Grey (1554). Heute befindet sich an genau der Stelle, wo einst der Hinrichtungsblock war, ein Denkmal in Form eines Glaskissens.

ST. PAUL'S CATHEDRAL

EINE GLOCKE FÜR SCHLECHTE NEUIGKEITEN

ST. PAUL'S CATHEDRAL

In St. Paul's, der Kathedrale der City of London, finden viele königliche Ereignisse wie Hochzeiten und Dankesgottesdienste statt. Ihre zwölf Glocken bilden einen der größten Glockenstühle, neue Glöckner müssen mehrere Jahre lernen, wie man mit ihnen umgeht. Die größten Glocken sind Great Paul, die mehr wiegt als ein ausgewachsener Elefantenbulle, und Great Tom, die in etwa so viel wiegt wie eine Elefantenkuh. Great Tom erklingt, wenn es schlechte Neuigkeiten gibt, z. B. wenn ein Mitglied der königlichen Familie stirbt.

TOWER OF LONDON

AUFS WASSER!

Anker lichten! Segel setzen! Und schon geht's los auf eine schwankende, feuchte Tour. Laufen ist diesmal nicht angesagt. Paddeln reicht!

RIVER THAMES

DER FLUSS WAR DER GRUND

RIVER THAMES

Englands längster Fluss fließt durch London. Das war wahrscheinlich auch der Grund dafür, dass sich die Menschen vor etwa 750 000 Jahren zunächst in dieser sumpfigen Gegend angesiedelt haben. Die ersten Londoner errichteten ihre Hütten an Orten, an denen sie Fische fangen und den Fluss überqueren konnten. Außerdem bauten sie Holzstege über die Sümpfe. 6000 Jahre alte Überbleibsel dieser Stege wurden in Greenwich entdeckt, sie sind 500 Jahre älter als Stonehenge!

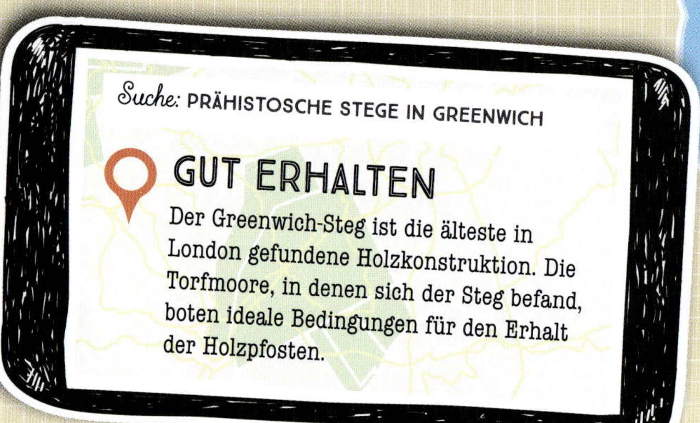

GUT ERHALTEN

Der Greenwich-Steg ist die älteste in London gefundene Holzkonstruktion. Die Torfmoore, in denen sich der Steg befand, boten ideale Bedingungen für den Erhalt der Holzpfosten.

PIRATEN AHOI!

PIRATE CASTLE, CAMDEN LOCK

Aharrr! Mitten in London gibt's ein Piratenschloss, das steht fest, Käpt'n! Es ist ein Segelclub und Theater für Kids. Los ging das alles, als der nette Londoner Lord St. Davids, der am Fluss lebte, 1966 anfing, alte Boote zu sammeln und zu reparieren, die die Kinder aus der Gegend dann benutzen durften. Er gründete den Club der Minipiraten, die auf dem Kanal segeln lernen konnten. Dafür handelte er sich den Spitznamen „Peg-leg", Mann mit dem Holzbein, ein. Die grandiose Wohltätigkeitseinrichtung in seinem Pseudoschloss am Kanal gibt's noch immer.

CAMDEN LOCK

AUS DEM REICH DER FLUSSGÖTTER

THE BRITISH MUSEUM

In grauer Vorzeit dachten die Menschen, dass die Themse ein Ort sei, an dem Zaubergeister lebten, weshalb sie Opfergaben ins Wasser warfen. Vor etwa 2300 Jahren wurde ein wunderschöner, fein gearbeiteter Bronzeschild in der Nähe der heutigen Battersea Bridge ins Wasser geworfen. Der Schild ist mit rankenförmigen Mustern und rotem geschliffenem Glas verziert. Es kann sein, dass er extra für eine geheimnisvolle Opferzeremonie hergestellt wurde. Vielleicht baten die Menschen des dortigen Volksstamms die Flussgötter so um Hilfe. Heute ist der Schild im British Museum zu sehen.

TÖDLICHES WASSER

CHOLERA WATER PUMP, BROADWICK STREET

Die schwarze Cholera-Wasserpumpe in der Broadwick Street erinnert daran, wie der clevere Arzt John Snow einer 1854 im Stadtteil Soho wütenden Cholera-Epidemie ein Ende setzte. 616 Menschen waren bereits gestorben, ehe Snow, der verschmutztes Wasser für die Epidemie verantwortlich machte, den Hahn der Wasserpumpe dieser Straße zudrehte. Tatsächlich hatte er so den Grund für den Ausbruch der Krankheit behoben. Die Entdeckung, dass sich Cholera durch verunreinigtes Wasser und nicht – wie anfänglich gedacht – über die Luft verbreitet, war ein bedeutender Durchbruch.

TOTTENHAM COURT ROAD

DIE GROSSE BIERSCHWEMME

TOTTENHAM COURT ROAD

In London gab es schon immer hin und wieder Überschwemmungen, aber die im Jahr 1814 war ein ungewöhnlich klebriges Desaster. Etwa 1 200 000 Liter Bier flossen aus der Brauerei Meux and Company, als riesige Fässer mit dem Gebräu platzten und umkippten. Die Bier-Woge war 4,57 m hoch und strömte die Tottenham Court Road hinunter. Sie zerstörte zwei Häuser und tötete sieben Menschen. An der Stelle der alten Brauerei befindet sich jetzt zwar das Dominion Theatre, aber die Gäste des dortigen Pubs gedenken alljährlich dieser Bierschwemme.

MILLENNIUM BRIDGE

SCHWANKENDE BRÜCKE

MILLENNIUM BRIDGE

Londons Millennium Bridge wurde 2000 eröffnet. Sie wurde aber schnell wieder gesperrt, denn als Fußgänger über die Brücke liefen, fing sie gefährlich zu schwanken an. Es stellte sich heraus, dass die Schritte die Schwingungen verursachten. Der Bau der Brücke hatte 18 Mio. £ gekostet, weitere 5 Mio. £ waren für die Beseitigung des Problems nötig. Die Brücke spielte auch eine Hauptrolle bei Harry Potter. In dem Film *Harry Potter und der Halbblutprinz* wurde die Brücke von den Todessern zerstört. Vielleicht war ihnen ja schlecht von der Wackelei!

GELD IM SCHLAMM

MUSEUM OF LONDON DOCKLANDS

Mit den Händen am Flussufer im Schlamm zu spielen mag ja ganz witzig sein. Aber stell dir vor, dass du das tun musst, um zu überleben. „Mudlarks“ (Schmutzfinken) wurden im 19. Jahrhundert die armen Kinder genannt, die am Ufer der Themse nach Verwertbarem wie Holzstücken und Blechdosen suchen mussten. Wer sehr viel Glück hatte, fand zwischen Kothaufen und toten Ratten auch mal eine schöne Brosche, doch das Risiko war groß: Hier lauerten auch die tödlichen Cholera-Bakterien. Im Museum of London Docklands gibt's eine Mudlarks Gallery, die an die im Schlamm wühlenden Kinder erinnert.

SCHNELLES SEGELN

CUTTY SARK, GREENWICH

Die *Cutty Sark*, ein „Teeklipper“, der Tee aus China brachte, lief 1869 vom Stapel. Sie hatte 32 pralle Segel, um den Wind einzufangen und durch die Wellen zu pflügen. Ihre Besitzer hofften, dass sie schnell genug sein würde, um als erstes Schiff die neue Tee-Ernte nach London zu bringen und so das alljährliche Tee-Rennen gewinnen würde. Da sie das aber nie geschafft hat, transportierte sie schließlich statt Tee Wolle aus Australien. Auf dieser Route war sie dann das bei Weitem schnellste Schiff. Sie umfuhr Eisberge, wich Stürmen aus und brach alljährlich den Rekord. Sie ist weltweit der einzige noch existierende Teeklipper. Im Lauf der Jahre haben Millionen Menschen sie in Greenwich bewundert.

SCHIFFSLÄNGE
85,4 M

47 M
HÖHE DES GROSSMASTS

17,7 KM
TAKELAGE

SPORTLICHES

London mag ja eine zugebaute Stadt sein, aber es gibt trotzdem viel Platz für Sport. Auf dieser tollen Tour erfährst du einige ungewöhnliche Fakten!

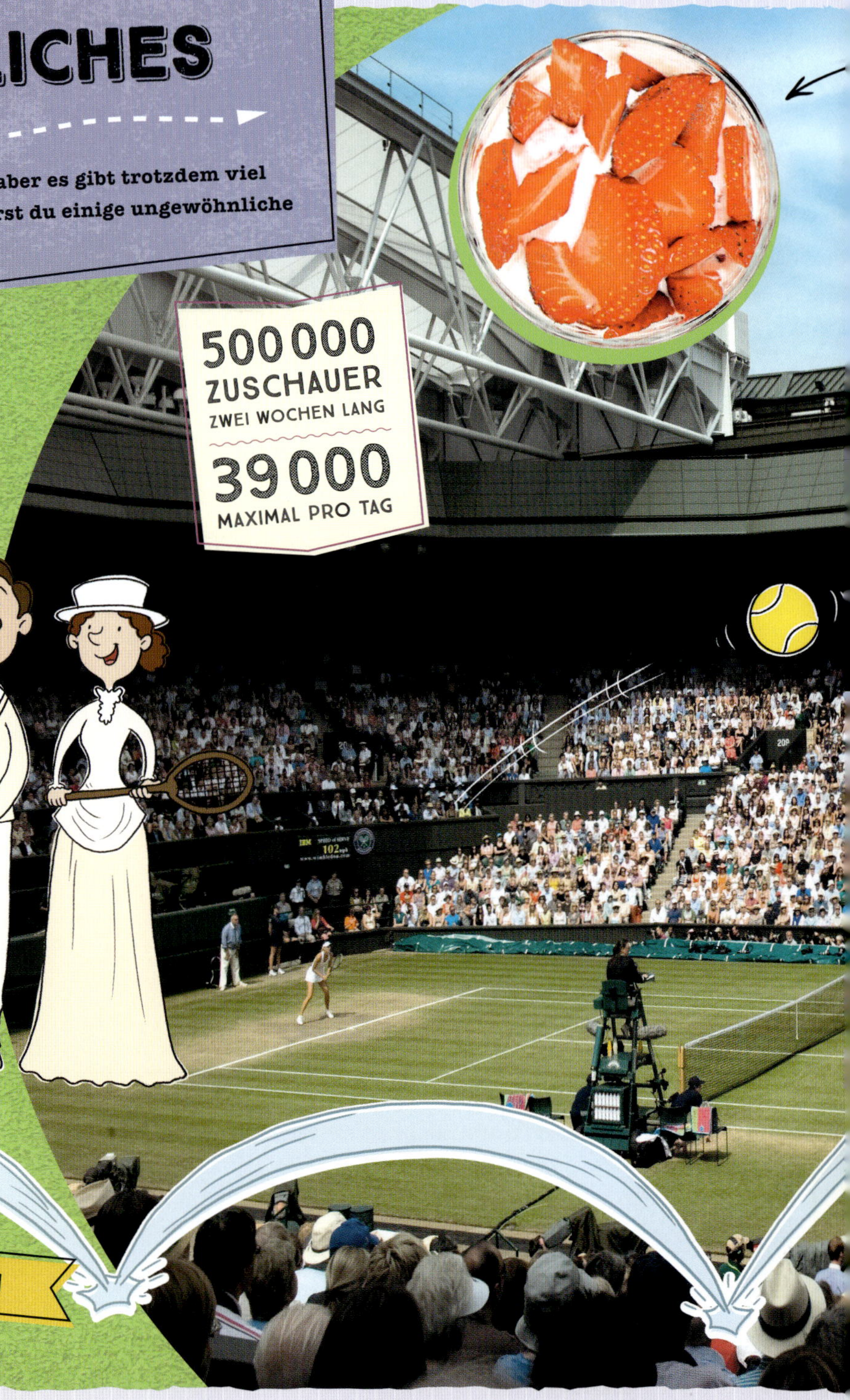

ALL ENGLAND CLUB, WIMBLEDON

Eins der besten Tennisturniere auf unserem Planeten wird in dem grünen Londoner Vorort Wimbledon ausgetragen. Heute sitzen bei den Wettkämpfen rund 1,2 Mrd. Menschen vor dem Fernseher. Das erste Turnier fand 1877 statt, also lange bevor es TVs gab. Es ist das älteste Tennisturnier der Welt.

TENNIS DER ALTEN SCHULE

Erst 1930 betrat der erste Spieler in Shorts den Tennisplatz in Wimbledon. Davor wurde in langen Hosen gespielt.

WIMBLEDON

STRAWBERRY FIELDS

Jeder, der sich in Wimbledon ein Match anschaut, ist versucht, sich auf den traditionellen Tennisplatz-Snack aus Erdbeeren mit Sahne zu stürzen. Schätzungsweise 27 000 Kilogramm Erdbeeren mit 7 000 Litern Sahne obendrauf werden während eines Turniers von den Zuschauern verputzt.

ÜBER **47 MIO. €** PREISGELDER INSGESAMT

2,30 MIO. € FÜR DIE SIEGER IM EINZEL DER FRAUEN UND MÄNNER

NEUE BÄLLE, BITTE!

Ungefähr 54 250 Tennisbälle werden während des zweiwöchigen Turniers gebraucht. Jeder Ball wird vorher darauf getestet, ob er das richtige Gewicht, die richtige Sprunghöhe und die richtige Kompression (Druckfestigkeit) hat. Etwa 700 Schulkinder bewerben sich um den Job als Ballmädchen oder Balljunge. Nur 200 von ihnen schließen den Trainingskurs mit Erfolg ab und dürfen dann bei den Spielen helfen.

ECHTES FALKENAUGE

HAWKEYE (FALKENAUGE) IST DER SPITZNAME DER ELEKTRONISCHEN MASCHINE, DIE CHECKT, OB DER BALL WÄHREND EINES SPIELS DRINNEN ODER DRAUSSEN IST. ABER IN WIMBLEDON ARBEITET AUCH EIN ECHTES FALKENAUGE. JEDEN MORGEN BEVOR DER CLUB ÖFFNET, WIRD EIN ABGERICHTETER FALKE EINE STUNDE LANG FREIGELASSEN, UM DIE NERVIGEN TAUBEN ZU VERSCHEUCHEN, DIE EIN SPIEL UNTERBRECHEN ODER SOGAR IHR GESCHÄFT ÜBER DEN SPIELERN ERLEDIGEN KÖNNTEN.

FALSCH!

Spencer Gore, der allererste Wimbledon-Sieger, bezweifelte, dass Tennis jemals populär werden würde. Vielleicht nahm er an, dass daraus keine große Sache werden würde, weil 1877 lediglich 22 Spieler teilnahmen. Das Endspiel schauten sich nur 200 Leute an, die je einen Shilling Eintritt zahlten.

VON KOHLKÖPFEN ZU POKALEN

TWICKENHAM STADIUM

In Twickenham ist die English Rugby Union zu Hause. Mit Platz für 82 000 Zuschauer ist es das größte für Rugby-Union-Spiele genutzte Stadion der Welt. Für ein Sportstadion kann es auf eine eigenartige Geschichte zurückblicken. Das erste Spiel fand 1909 statt, davor befand sich hier ein Kohlacker! Im Ersten Weltkrieg grasten Pferde auf dem Gelände, und im Zweiten Weltkrieg wurde ein Entgiftungszentrum eingerichtet – für den Fall eines Angriffs mit chemischen Waffen.

TWICKENHAM STADIUM

WEMBLEY STADIUM

WELTREKORD IN WEMBLEY

WEMBLEY STADIUM

Europas zweitgrößtes Stadion bietet Platz für 90 000 Zuschauer. Hier finden die Spiele der englischen Fußballnationalmannschaft und auch die Endspiele des FA-Cup statt, des wichtigsten Pokalwettbewerbs. Der Rauminhalt des Stadions entspricht dem von 25 000 Doppeldeckerbussen, und die Toiletten brechen alle Rekorde. Es gibt 2618 Stück – mehr als an jedem anderen Veranstaltungsort der Welt.

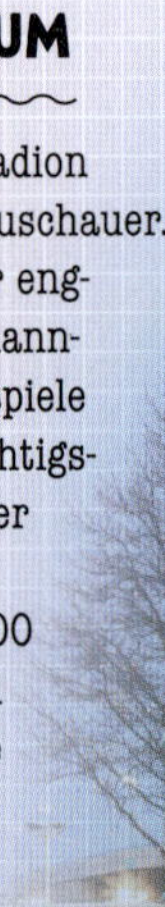

EISIGES BAD

HAMPSTEAD HEATH

Obwohl Schilder vor Algen und eisigen Temperaturen warnen, lassen sich die abgehärteten Badenden von North London nicht abschrecken. In Hampstead Heath gibt's drei Teiche, in denen Schwimmen erlaubt ist: einen für Frauen, einen für Männer und einen für Männlein *und* Weiblein. Hier ist jeden einzelnen Tag des Jahres geöffnet – auch Rettungsschwimmer sind immer vor Ort. Selbst zur Wintersonnenwende springen die hart gesottenen Schwimmer von Hampstead ins eisige Nass.

ISLINGTON

HAMPSTEAD HEATH

BOXEN MIT GRIPS

HAZELVILLE ROAD, ISLINGTON

Für Londoner, die gern nachdenken und Faustschläge verteilen, ist Schachboxen genau das Richtige. Bei diesem Sport trifft Verstand auf Muskelkraft. Schnelle Schachpartien und Boxrunden wechseln sich ab. Man gewinnt entweder durch einen Knockout oder durch ein weniger schmerzhaftes Schachmatt!

LOS, MÄDELS!

CRYSTAL PALACE NATIONAL SPORTS CENTRE

In London kannst du rasend schnelle Rollschuh-Verfolgungsjagden erleben. Beim Roller Derby rasen zwei fünfköpfige Teams auf Bahnen im Kreis herum. Es werden mehrere „Jams“ gefahren, wobei der „Jammer“ eines jeden Teams versucht, Punkte zu bekommen, indem er die Läufer des anderen Teams überholt. Bei diesem Kontaktsport kann es ziemlich aggressiv zugehen, wenn die Teams versuchen, den „Jammer“ des Gegners zu behindern. Dass sich diese irre Sportart in der britischen Hauptstadt etabliert hat, ist den London Roller Girls zu verdanken, der ersten weiblichen Roller-Derby-Liga. Die Roller-Derby-Teams und die Zuschauer kleiden sich gern mit bunt gestreiften Socken, T-Shirts und Totenköpfen auf dem Outfit.

CRYSTAL PALACE

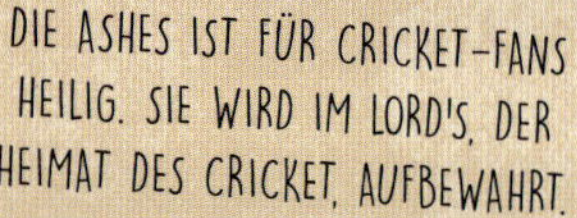

DIE ASHES IST FÜR CRICKET-FANS HEILIG. SIE WIRD IM LORD'S, DER HEIMAT DES CRICKET, AUFBEWAHRT.

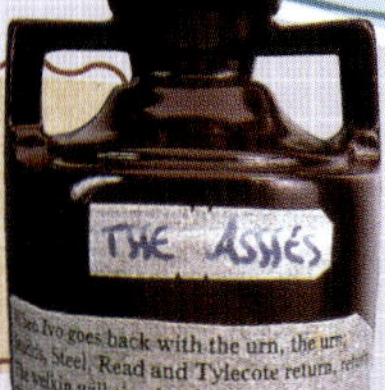

LORD'S CRICKET GROUND

EINE URNE VOLLER ASCHE

LORD'S CRICKET GROUND

Als die englische Cricket-Mannschaft 1882 zum ersten Mal auf heimischem Boden gegen Australien verlor, beschrie eine Zeitung den Tod des englischen Cricket mit den Worten: „Der Leichnam wird verbrannt und die Asche nach Australien gebracht“. Als die Engländer danach in Australien spielten, bekamen sie eine winzige Urne, die „Ashes“. Sie ist bei beiden Mannschaften noch immer heiß begehrt.

300 JAHRE RUDERN

LONDON BRIDGE

Jeden Sommer findet auf der Themse einer der ältesten Sportwettkämpfe der Welt statt. Dann kämpfen sechs Ruderer um den „Doggett's Coat and Badge" – eine scharlachrote Uniform mit einem enormen, esstellergroßen Silbermedaillon am Ärmel. Junge Bootsleute, die sich für die Arbeit auf dem Fluss qualifiziert haben, können an der Ruderregatta zwischen der London Bridge und Chelsea teilnehmen.

DAS GROSSE JAHR

QUEEN ELIZABETH OLYMPIC PARK

LONDON BRIDGE

London ist die einzige Stadt der Welt, in der die Olympischen Spiele schon drei Mal stattfanden – 1908, 1948 und 2012. 900 Mio. Menschen auf der ganzen Welt haben 2012 die Eröffnungsfeier im Olympic Park verfolgt. Es wurden viele olympische Rekorde gebrochen. Der des Sprinters Usain Bolt wurde besonders gefeiert – 100 m in nur 9,63 Sekunden. Bei den ersten beiden Olympischen Spielen sah das alles noch ganz anders aus. 1908 gab es z. B. Tauziehen, Motorbootrennen, Polo-Wettkämpfe. Die Olympischen Spiele 1948 hatten neben Sportveranstaltungen auch Kunstevents zu bieten, und es wurden Medaillen für Malerei, Bildhauerei und Architektur verliehen.

SEHR ERFREUT …

Auf dieser Tour triffst du ein paar Leute und Tiere, die in der ganzen Stadt auf Statuen verewigt sind. Einige haben wirklich in London gelebt, andere entstammen der Fantasie. Egal, sie haben alle viel zu erzählen.

ALBERT EMBANKMENT

GEHEIMAGENTEN-DENKMAL

S.O.E. MEMORIAL, ALBERT EMBANKMENT

Die Geheimagenten aus dem Zweiten Weltkrieg haben ihre eigene Gedenkstatue. Die Agenten, an die hier erinnert wird, haben für die geheime Regierungsorganisation „Special Operations Executive" gearbeitet und wurden bei riskanten Undercover-Missionen eingesetzt. Oben auf dem Sockel steht die Geheimagentin Violette Szabo, die in Frankreich arbeitete, während eines Einsatzes gefangengenommen und hingerichtet wurde. Nach ihrem Tod wurde ihr sowohl von Großbritannien als auch von Frankreich die höchste Tapferkeitsmedaille verliehen.

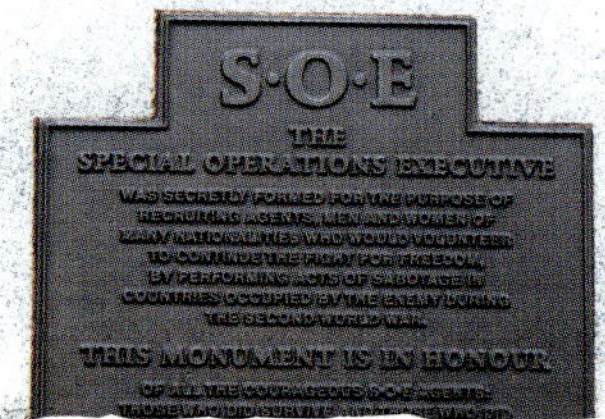

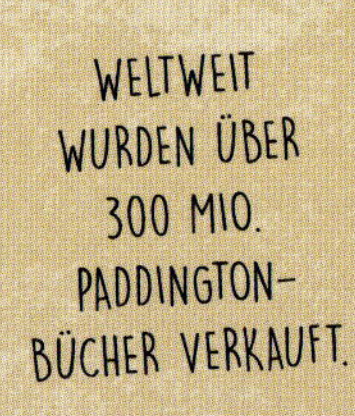

PADDINGTON STATION

Paddington, der süße Bär aus Peru, der immer in der Nähe von Marmeladen-Sandwiches anzutreffen ist, spielte, seit er 1958 von dem Schriftsteller Michael Bond ins Leben gerufen wurde, in 70 Geschichten die Hauptrolle. Bond ließ sich von einem einsamen kleinen Bären inspirieren, den er Weihnachten 1956 kaufte. Er benannte seine Hauptfigur nach der Paddington Station, unweit seiner Wohnung. Die Bronzestatue im Bahnhof soll daran erinnern, woher der Bär stammt.

WESTMINSTER BRIDGE

SCHWUNGVOLLE STATUE

BOUDICCA STATUE, WESTMINSTER BRIDGE

In der Nähe der Westminster Bridge kannst du eine der großen britischen Führerinnen bewundern – Boudicca, Königin des keltischen Stammes der Icener. Sie ist in einem Streitwagen zu sehen. Einen solchen Wagen benutzte sie auch 61 v. Chr., als sie das römische Londinium angriff. Aus Rache dafür, dass die Römer ihren Stamm schlecht behandelt hatten, töteten ihre Krieger Hunderte von Menschen und brannten die Stadt nieder. Archäologen entdeckten tief unter London eine Schicht verkohlte Erde, die den grausamen und feurigen Angriff auf die Stadt beweist.

TIERHELDEN

ANIMALS IN WAR MEMORIAL PARK LANE

Dieses Denkmal soll an all die tapferen Tiere erinnern, die in den Krieg ziehen mussten. Vor allem an die etwa 60 Tiere, denen nach 1943 die „Dickin Medal", die höchste britische Auszeichnung für Tiere, verliehen wurde. Hierzu zählen 32 Tauben, 18 Hunde, 3 Pferde und 1 Katze. Sie haben alle unglaubliche Geschichten erlebt, die zu erforschen es sich wirklich lohnt. Weitere gefeierte Tiere sind Delfine, Elefanten und sogar Glühwürmchen. Sie wurden im Ersten Weltkrieg von Soldaten benutzt, damit sie im Dunkeln ihre Briefe lesen konnten.

PARK LANE

ICH BIN ES WIRKLICH!

JEREMY BENTHAM, UNIVERSITY COLLEGE LONDON

Es passiert nicht oft, dass du eine wichtige Persönlichkeit oder – wie in diesem Fall – deren Skelett höchstpersönlich kennenlernst. Der Philosoph Jeremy Bentham wollte, dass sein Skelett erhalten wird, und als er 1832 starb, wurde ihm dieser Wunsch erfüllt. Es sitzt in einem Schrank und trägt seine alten Kleidungsstücke. Lange schleppte Bentham Glasaugen in einer Tasche mit sich herum, die nach seinem Tod in seinen Schädel eingesetzt werden sollten. Der tote Kopf sah dann aber zu Furcht erregend aus, sodass der freundliche Kopf auf dem Skelett jetzt aus Wachs ist.

UNIVERSITY COLLEGE LONDON

BLAUE JUNGEN UND MÄDCHEN

ALDGATE UND ANDERE ORTE

In vielen Winkeln und Ecken der Stadt stehen blau gekleidete Kinder rum. Sie kennzeichnen die Orte, an denen sich zu Beginn des 18. Jahrhunderts Armenschulen befanden, in denen Kinder aus mittellosen Familien unterrichtet wurden. Als Uniform trugen sie blaue Mäntel, wahrscheinlich weil blaue Farbe damals billig war. Außerdem hatten sie knallgelbe Strümpfe an, sodass man sie gut erkennen konnte!

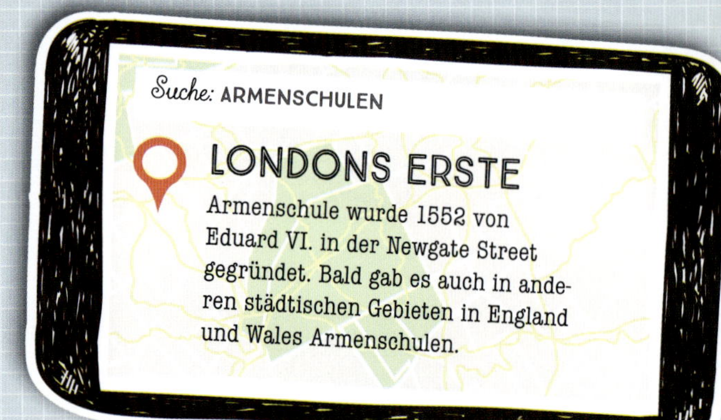

Suche: ARMENSCHULEN

LONDONS ERSTE

Armenschule wurde 1552 von Eduard VI. in der Newgate Street gegründet. Bald gab es auch in anderen städtischen Gebieten in England und Wales Armenschulen.

WELCHER BIST DU?

THE BROAD FAMILY, BROADGATE ESTATE

Diese Statuen sollen uns darstellen! Es ist eine moderne Familie, wie sie sich der spanische Bildhauer Xavier Corbero vorstellt. Einer der Blöcke ist ein Hund und einer trägt in den Sockel gehauene Kinderschuhe. Es ist die Steinversion eines jeden, der in der sagenhaften Hauptstadt London wohnt oder sie besucht!

ABSTIEG EINES HELDEN

SIR WALTER RALEIGH, GREENWICH

Sir Walter Raleigh gehört zu den großen Entdeckern Großbritanniens. Er war ein Seeheld, der 1578 nach Nordamerika reiste und dort half, die ersten europäischen Siedlungen zu gründen. Bestens bekannt ist er auch dafür, dass er Königin Elisabeth I. mit Tabak und Kartoffeln bekannt machte, die er aus Amerika mitgebracht hatte. Es heißt, dass Raleighs Diener ihm einen Eimer mit Bier über den Kopf geschüttet habe, als er ihn zum ersten Mal rauchen sah. Er dachte, er stände in Flammen. Das geschieht Raleigh recht, denn Rauchen ist eine schlechte Angewohnheit! Sein Glück verließ ihn, als Jakob I., der Nachfolger von Elisabeth I., ihn wegen Verrats hinrichten ließ.

REGISTER

Aal in Aspik 29
Abbey Road 6, 7
Abwasserkanäle 19
Admiralty Arch 68
Albert Embankment 96
Alfred der Große 84

Baker Street 42, 57
Bank of England 23, 78
Banksy 9
Beatles 7
Bentham, Jeremy 98
Big Ben 47
Bishop's Avenue, Highgate 22
blau gekleidete Kinder 98
Bleeding Heart Yard 8
Blutegel 53
Boudicca 97
Bow Bells 48
British Library 18
British Museum 21, 84, 87
Broadgate Estate 99
Broadwick Street 87
Brücken 18, 54, 66, 88, 95, 97
Buckingham Palace 21, 76, 81
Busse 44, 45

Cabinet War Rooms 17
Camden Lock 86
Camden Town 16, 77
Cannon Street 38
Carting Lane 7
Central Street 69
Chancery Lane 78
Charing Cross 47
Chelsea buns (Kuchen) 26
Chelsea Flower Show 70
Chenies Street 66
Chinatown 61
Cholera 19, 87, 89
Chorjungen und -mädchen 49
City of London 28, 64
Clapham 16
Cleopatra's Needle 11
Clerkenwell 16
Clink Prison 51
Cockneys 48
Coliseum, St. Martin's Lane 71
Covent Garden 43, 47, 77
Cricket 94
Cutty Sark 89

Dennis Severs' House 59
Diana, Princess of Wales 80
Dickens, Charles 58, 82
Doughty Street 58
Downing Street 6

Ede & Ravenscroft 78
Emerald Court 8
Essen gehen 26–29
Execution Dock, Wapping 55

fish and chips 29
Fishpool Hoard 21
Fledermäuse 32
Fleet (Fluss) 18
Flüsse 18, 19, 86–89
Fortnum & Mason 27
Foundling Museum 58
Freimaurer 68
Frösche 35
Fundbüro 42
Fußball 92, 93

Garde der Königin 76
Geburtstagsböller 46
Geheimagenten-Denkmal 96
Geheimbünde 68
Geister und Legenden 8, 16, 34, 36–39, 45, 50, 51, 72, 80
Gherkin (30 St. Mary Axe) 13
Globe, Southwark 74, 75
Gloucester Candlestick 20
Gog und Magog 39
Gold State Carriage 20
Great Ormond Street Hospital 48
Greenwich 35, 65, 86, 89, 99
Greenwich Peninsula Ecology Park 35
Greenwich-Steg 86

Großer Brand von London 12, 28
Guildhall 28, 39, 69

Hampstead Heath 93
Hampton Court Palace 60, 80
Hatton Garden 22
Hauspreise 22, 57
Highgate Cemetery 50
Highgate Hill 36
Hirsche 32
Holborn 68
Holmes, Sherlock 57
Horniman Museum 35
Hoxton Street Monster Supplies 54
Hundekuchen 29
Hunterian Museum 51
Hyde Park 40, 41, 46, 50, 57, 80

Käsereibe (Leadenhall Building) 13
Katakomben 16
Kaugummi 9
Kensington Gardens 36
Kew Gardens 30, 31
King's Cross Station 11, 37
Kirchen 12, 38, 48, 55, 67, 82, 85
Klänge der Stadt 46–49, 85
Kronjuwelen 24, 25
Krönungsstuhl 82, 83
Kutscherhäuschen 41
Leadenhall Market 37
lebende Statuen 73
Leinster Terrace 56
Little Compton Street 7
London Bridge 54, 95
London Eye 10
London Silver Vaults 22
London Stone 38
London Transport Museum 43
London Underground 17, 56
London Wheelchair Marathon 42
London Zoo 32, 37
Lord Mayor 20, 23, 28, 39
Lord's Cricket Ground 94
Lud, König 38
Luftschutzräume 16, 66

Magier 37
Mandarin Oriental Hotel 26, 57
Mansion House 23
Marble Arch 61
MI5 und MI6 67
Millennium Bridge 88
Mithras-Tempel 39
Mode 76–79
Monument, The (Steinsäule) 12
Mousetrap, The (Theaterstück) 72
Mudlarks (Schmutzfinken) 89
Museen 20, 21, 35, 39, 40, 43, 51, 57–61, 65, 79, 84, 87, 89
Museum of London 39, 79, 89
Nachmittagstee 27
National Maritime Museum 65
Natural History Museum 60, 61
Nelson's Column 62
Notting Hill Carnival 70
Number 1 Hyde Park 57

Oldtimerrennen 40
Olympische Spiele 95
OXO Tower 12

Paddington (Bär) 96
Paddington Basin 66
parken 22
Parks und Gärten 10, 13, 30–36, 40, 41, 46, 70, 80
Pearly Kings and Queens 79
Pedibus 43
Pepys, Samuel 28
Pestgruben 55
Peter Pan 36
Pflanzen 30, 31
Piraten 55, 86
Potter, Harry 37, 88
Premierminister 6
Punks 77

Raben 34
Ragged School Museum 59
Raleigh, Sir Walter 99

REGISTER

Redchurch Street 9
Restaurants 26, 27
Richmond Park 32
Rock Bands 49
Rolling Bridge 66
Rollschuh-Verfolgungsjagd 94
römisches Amphitheater 69
Roof Gardens, Kensington 10
Rotten Row 41
Royals 21, 24, 25, 46, 76, 78, 80–85
Rudern 95
Rugby 92

Sänften 43
Savile Row 76
Schachboxen 93
Schätze 20–25
Schmuckbezirk 22
Schwimmen im Teich 93
Science Museum 40
Shakespeare, William 74
Shard, The 14, 15
Shepherds Bush 56
Shoreditch 9, 43
Sir John Soane's Museum 84
Soho 7, 77
South Bank 73
Southwark Cathedral 49
Speakers' Corner 46
Spitalfields 59
Spitalfields City Farm 34
Sport 90–95
St. Bride's 12
St. James's Palace 76
St. Mary-le-Bow 48
St. Pancras 64
St. Pancras Old Church 67
St. Paul's Cathedral 49, 85
St. Paul's Church, Shadwell 55
St. Thomas' Hospital 52, 53
Statuen und Denkmäler 11, 12, 36, 38, 61, 62–63, 64, 96–99
Street Art 9, 69

Tate Modern 33
Tee 27
Tennis 90, 91
Thames House 67
Theater 71, 72, 74, 75
Theater und Unterhaltung 70–75
Theatre Royal Drury Lane 72
Themse 86–89, 95
Tiere 32–35, 60–65, 97
Tierfriedhof 50
Tierhelden 97
Tottenham Court Road 47, 88
Tower of London 24, 34, 46, 85
Trafalgar Square 62, 63
Twickenham Stadium 92
Tyburn Gallows 46

U-Bahn London 7, 16–19

Vauxhall Cross 67
Verkehrsmittel 40–45
Victoria and Albert Museum 20
Victoria Embankment 11, 64
Victoria, Königin 20, 80, 81

Walbrook 19
Walkie-Talkie (20 Fenchurch Street) 13
Wanderfalken 33
Wembley Stadium 92
Westminster Abbey 82
Wetland Centre 32
Whirlpool-Kino 73
Whittington, Dick 20, 36
Wilhelm der Eroberer 83
Wimbledon 90, 91

Ye Old Cheshire Cheese (Pub) 33

Ziegenrennen 34
Zoos 32, 34, 62
Zweiter Weltkrieg 16, 17, 66, 96